NADA PROVA NADA!

GERALD THOMAS

NADA PROVA NADA!

EDITORA RECORD
RIO DE JANEIRO • SÃO PAULO
2011

CIP-Brasil. Catalogação-na-fonte
Sindicato Nacional dos Editores de Livros, RJ

T38n

Thomas, Gerald
Nada prova nada! / Gerald Thomas. - Rio de Janeiro : Record, 2011.

ISBN 978-85-01-08939-7

1. Crônica brasileira. I. Título.

10-4999.

CDD: 869.98
CDU: 821.134.3(81)-8

Copyright © by Gerald Thomas, 2011

Imagem de capa: Gerald Thomas

Composição de miolo: Abreu's System

Texto revisado segundo o novo Acordo Ortográfico da Língua Portuguesa.

EDITORA AFILIADA

Direitos exclusivos desta edição reservados pela
EDITORA RECORD LTDA.
Rua Argentina 171 – 20921-380 Rio de Janeiro, RJ – Tel.: 2585-2000

Impresso no Brasil

ISBN 978-85-01-08939-7

Seja um leitor preferencial Record.
Cadastre-se e receba informações sobre
nossos lançamentos e nossas promoções.

Atendimento e venda direta ao leitor
mdireto@record.com.br ou (21) 2585-2002.

Dedico este livro a

Haroldo de Campos
Harold Evans
Tina Brown
Zuenir Ventura
Bernard Levin
Arthur Koestler
Christiane Amanpour
Richard Quest
Rogerio Knoblauch

Sumário

Introdução	11
Philip Glass sobre Gerald Thomas	15
As velhas raízes: Beckett	23
Os dias (in)felizes	26
Ao mexer com nossa alma, Kazuo Ohno sacaneou a morte	31
Nada a declarar	33
O que eu sou e o que não sou	36
Quem me viu e quem me verá!	39
Cansei!	42
Manhattan	45
A bandeira de lugar nenhum	48
Obesos, anoréxicos, tanto faz	52
Nowhere man, nós em nenhum lugar: adeus!	55
Cem andares abaixo do *underground*	58
Beuys fez a obra mais apaixonante da atualidade	61
Filme de Mel Gibson codifica o que resta aos EUA	64
Amor de Diegues é alegoria da alma	67
A segunda morte de Lennon	71
Dos ensaios da peça até Tom Zé e o Plaza Hotel	75

Larry King Live, não mais *alive*, mas quase morto	78
Paga-se um preço ao criar e paga-se outro por imitar	83
Fofocas, focas e repórteres sérios e amigos antigos	86
Essa porra bate, metra, corre, mas o tempo simplesmente murcha tudo	89
Mulher não brinca de foguetinho!	91
Estamos nos castigando	95
O Homem Isca	97
Animal Canibal Pizza	101
Lamas e cremes e *sprays*	105
Os EUA são *made in China*	108
A meninada londrina acha que a grama nasce mais verde em NY	111
Adeus a Paulo Autran	114
Vinte e cinco anos sem John Lennon	117
Boal morto: Quantos ainda pensam a sua "própria" arte?	121
Morte de Guzik, uma breve interrupção	124
Morre Pina Bausch: Essa que todos nós invejávamos e amávamos tanto!	126
A morte do papa	128
A morte de Arthur Miller	130
A morte de Susan Sontag	132
Todo mundo dopado, dopaminado	135
Tortura sob Bush	139
Pedófilos	144
As manchas de Pollock e Eisenstein	150
Só nos contam a metade...	155
A fogueira das confissões vaidosas	159
Racismo, drogas, solidão no Arizona	163
Warhol, maconha, tabaco e os clones imediatistas	166
Seres indesejáveis	168
Homeless, miseráveis	171

Miami ou Mideixe!	173
O Brasil precisa voltar a se enxergar	179
São Paulo é a cara de Seul	184
Beijo gay e cascata no East River	186
Um dia iremos desaparecer	189
Hajj e a peregrinação islâmica	193
Terrorismo escolhido a dedo	195
Os dois Baracks e uma MaMa	199
Vamos acabar logo com o inimigo?	203
Ba-Rock Obama	209
Minha "INDEPENDÊNCIA OU MORTE"	214
Pedra de toque	223

Introdução

Nossa mãe! Eu escrevo peças, falo pelas tabelas, mantenho blogs desde o início dessa coisa que mais parece papel higiênico virtual, e que fez do mundo aquele "berro silencioso" do Munch ficar alto demais, insuportável demais, opinativo demais, irrelevante demais.

Ninguém mais liga para Munch ou Egon Schiele, ou seja lá quem for. A informação virou uma espécie de "brinquedo da miséria, da desgraça e do terror".

Bem, até aí nada de novo, já que nunca conseguimos absorver de fato a falta de tradicionalismo no dia a dia do mundo.

No calor que faz hoje em Nova York (quase 38 graus) ou em Londres (onde comecei a esboçar várias tentativas desta introdução), nada é tarefa fácil. Prova que tentar raciocinar no verão do hemisfério norte, e nesse mundo de aquecimento global desenfreado, é triplamente duro e exaustivo. Mas qual será a prova?

Prova? Eu escrevi essa palavra? Nossa! Está um calor infernal mesmo, se nem sei o porquê dessa palavra invadir assim a minha introdução.

Prova o quê? Prova alguma coisa? Prova que — para se ser artista — tem que se ter algo a dizer. E esse algo tem que estar "além" da sociedade, na frente dela, com um pé na lama e outro na merda como o teatrólogo polonês Grotowski costumava dizer.

E esse "além" quer dizer que temos que estar num limbo que une um pouco de tudo: desde o dadaísmo até o iconoclastismo mais radical das Germânias, e fazer do dia a dia, ou de eventos transnacionais, conexões bizarras, ligações extremamente perigosas, unindo temas que a mídia, como um todo, desconhece ou simplesmente ignora.

Pois então: blog. Eu não via potencial algum num livro que seria uma reunião de textos publicados num blog. O livro é aquela coisa que fica ali, para sempre, ou até que algum bibliotecário raivoso o destrua, como vimos em ditaduras, Reichs e filmes de ficção.

Mas o maravilhoso Alan Viola pensava diferente. Ele achava que — mesmo atemporalmente, assim como na *Pastoral* de Beethoven — os textos escolhidos a dedo e reunidos num volume valiam a pena, sim.

E o Alan pôs-se a vasculhar o blog nesse período de seis anos de produção com seus milhares, literalmente milhares, de artigos, notas rápidas, desabafos e desaforos, e aqui estamos.

Este, então, é um volume que resume minhas angústias, minhas raivas e meus amores e diria até "meus ideais", através dos anos de UOL, iG, artigos de jornal e, agora, por conta própria, sozinho e *alone*, através do Wordpress.

Mas por que este título: *Nada Prova Nada!?*

Esta era a frase que conduzia a peça *Circo de Rins e Fígados*, que escrevi e dirigi para Marco Nanini em 2005. Esse *motto* Nada Prova Nada virou um jargão no meio artístico na época e tornou-se um emblema para muitos jovens (eu mesmo me divertia quando ouvia essa frase sendo dita numa mesa ao lado, de um restaurante qualquer).

Quando se tem um blog não se tem a preocupação com a eternidade.

Não há nada de Fausto (de Goethe ou Marlowe) num blog, nenhum pacto com o diabo do momento. O único compromisso é aquele dia, aquele momento e mais nada. Nada de transcendências ou compromissos com uma possível revolução modernista. O que existe, sim, é o desejo imediato de ter que se "responder" a algo. Esse algo, geralmente, é político ou com tons e subtons políticos.

Essa resposta imediata fez com que eu entrasse numa estafa tremenda: eram peças de teatro, óperas, palestras e *workshops*, e tudo estava sempre sendo comentado no blog. Mas...

Mas o efeito de algo escrito em blog passa rápido. Fazer um livro sobre um blog é mais ou menos como querer filmar uma duna de areia em plena ventania num deserto, ou mesmo querer registrar um castelo de cartas antes que se desmorone. A dinâmica da coisa está justamente na interatividade entre escritor e leitor. E na maneira em que tudo se dissolve no dia seguinte. Mas eu devo, e devo de coração, à coerência e sabedoria do Alan Viola nessa reunião coesa, e com variantes, que abrangem o largo espectro de uma vida que fala: a minha.

Estamos em plena "doença dos tempos", como reza a expressão. Parece que não progredimos, a não ser através de pequenos achados tecnológicos que nada visam além da autossatisfação.

Sim, falo da geração surda e muda por causa dos iPods tocando numa decibelagem absurda em seus ouvidos, transformando-a em ilhas ambulantes que excluem o mundo.

Estamos mais obesos que nunca. Estamos mais químico-dependentes que nunca, e o otimismo que já existiu (e como! Pós-Segunda Guerra ou no movimento de contracultura dos anos 60) se tornou um ufanismo insuportável.

Parece uma festa onde ninguém se diverte e ninguém se comunica. Todos aos berros (silenciosos como o de Munch), mas nada de valor é dito ou discutido. Sou um nostálgico? Sim.

Mas Nada Prova Nada. Ou prova alguma coisa? Prova que precisamos enxergar algum tipo de progresso, desenvolvimento, diversificação na era em que vivemos e que nos propõe tanto niilismo ou... (não se preocupem, prometo não falar dos pré-socráticos). Ufa!

Ah, o ar-condicionado parou, estou aos pingos. Hora de ir lá ligar a chavinha, tomar um banho e ir em busca de uma identidade. Qual? Ah! Não me façam rir. A identidade que fez do humano um predador sem causa, um antirrebelde cético, um conformista cansado de si mesmo, cansado de encenar a si mesmo. Sim, essa mesma.

Mas de predadores sem causa viramos todos uns diletantes, uns reclamões mal-humorados, e, no fim do dia, não sabemos mais nada. Somos desconstrutivistas e não estamos conscientes disso. Estranho.

E quanto menos sabemos mais blogs surgem.

Parabéns por terem me aguentado até aqui e... divirtam-se com meu distúrbio.

Esse não tem jeito mesmo, mesmo que o termômetro registre uma temperatura amena.

Eu vejo o mundo de forma fragmentada, torturada e num hiato entre holocaustos.

Sim, me sinto a própria *Guernica* de Picasso, só que sem aquela fonte de luz, aquela solitária lâmpada que Picasso escolheu para iluminar a sua tragédia.

Mas como não tenho solução mesmo, crio problemas e tenho um blog.

E aqui está a essência dele.
LOVE

Gerald Thomas
Nova York — Londres
25 de julho de 2010

Philip Glass sobre Gerald Thomas

Muitas das peças do Gerald são um escândalo! São escandalosamente engraçadas, escandalosamente vulgares e escandalosamente românticas. E parece que ele se sente bastante confortável vivendo escandalosamente também. É quase uma definição de um tipo de teatro. Se existe essa definição, eu diria que Gerald se sente muito bem dentro dela.

A ideia de um ser que atua em quase todas as diferentes situações teatrais reflete a imagem de uma vida vivida no palco. Ele vive para o teatro, e se não estiver falando sobre seu trabalho pode estar falando sobre filmes, sobre o trabalho de outras pessoas, mas o que ele realmente quer é viver a vida no teatro.

São pessoas assim as que realmente contam. Elas trazem autenticidade, paixão e um compromisso com o trabalho como um todo. É uma verdadeira vocação. No sentido de um "chamado". Ele foi "chamado" para isso, e é o que ele faz.

E mais: parece que ele está sempre impaciente com tudo, com exceção de suas relações amorosas. Em quase tudo na sua vida há a presença de pessoas ligadas ao teatro: mulheres maravilhosas, que sei que ele tem conhecido. São produtoras, atrizes, designers... todas ligadas ao teatro.

Eu acho que se você não tem nenhuma ligação com o teatro, é bem capaz do Gerald nem mesmo notar que você existe, não é mesmo? Mas se você tem uma conexão com esse mundo, esse é o universo do Gerald — a sua realidade.

Enraizado no Teatro

É claro que ele sabe tudo da história do teatro. Mas isso não quer dizer que ele vá seguir qualquer uma daquelas tendências. Não é por ter você se criado no teatro que terá que seguir suas direções. Isso serve para deixá-lo mais confiante naquilo que faz.

Como ele compreende e adora isso, que é o seu mundo, sente-se seguro o bastante para ser exatamente quem ele é. Toda essa esplêndida noção de teatro, seja pela história ou por uma relação de amor de toda uma vida. E em um determinado momento ele se apaixonou... e se apaixonou pelo teatro! E por tudo que está contido nele!

Eu acho que começou a desenhar muito cedo. Evoluiu, até se transformar no que é hoje. Um jovem que alimenta uma paixão e deixa-se guiar por ela, está estruturando sua existência, tornando-se confiante das coisas que faz.

Cia de Ópera Seca

Ele montou uma peça-solo de Beckett com Julian Beck (fundador do Living Theater). Foi lindo. Julian estava muito mal na época. Tudo que se via no palco era um rosto. Lembra dessa peça? Apenas um rosto e uma voz. Linda, linda montagem!

Ele já tinha sua própria Cia de Ópera Seca. E acho que estava produzindo aquele Beckett, nos tornamos amigos imediatamente.

Nossa parceria começou quando ele se interessou pela música que eu estava criando. Produzimos várias peças juntos. Uma das maiores, pouco tempo depois, foi *Mattogrosso*. Quando fomos juntos para Foz do Iguaçu, nas Cataratas, surgiu a ideia de escrever uma peça e o Gerald se interessou logo em encená-la.

Então fomos organizando as ideias com alguma outra música que eu havia criado e tinha alguns elementos vocais, mas era realmente um Musical. Acho que Gerald chama de Ópera, mas eu chamo de Musical. Tínhamos uma orquestra, um produtor e realizamos aquela supermontagem.

Trabalhamos em outros projetos juntos, ele queria. Eu passei a enviar para ele minhas composições porque ele queria ouvir tudo. Algumas obras acabavam se tornando peças para o teatro, quando ele gostava delas. E do jeito que o Gerald é, tudo que ele gosta ele usa nas peças.

Encenador Polivalente

O que acontece com o Gerald é que ele escreve suas próprias peças, mas ele até faria os *Contos de Canterbury*, como outras, mesmo que não fosse o autor. Quase sempre é ele mesmo quem combina todos os elementos cênicos: ele é o autor, o produtor, o diretor... Dá para ver que ele está sempre no palco. Eu já o vi atravessando a cena uma vez. Um tipo de "caminhada hitchcockiana". Uma assinatura, mas não chega a ser uma atuação.

Se levarmos em conta os caminhos do Gerald pelo teatro: mais jovem que Peter Brook, mas o conhecia, mais jovem que o Living Theater, que também conhecia. Ele está muito próximo a Beckett e alguns outros no meio teatral.

Gerald tem sido um encenador polivalente porque ele sabe escrever — soube transformar um grupo de atores em uma Companhia, a qual manteve em atividade desde então, e onde alguns atores têm permanecido por longo tempo.

E é um designer maravilhoso. Seus projetos são lindos. E sobra talento para a música também. Já o vi batucando, mas não quando eu estou por perto.

É um homem culto, educado e inteligente. Com um senso apurado das virtudes da vida que chamamos "teatrais", e que são transportadas para o palco. E acho que algumas de suas excentricidades fora do palco ficariam perfeitas nele. Algumas até acontecem lá.

Os Limites de um Dramaturgo

Ele estava encenando Wagner, acho que era sim, era Tristão (*Tristão e Isolda*), quando alguns críticos na plateia o insultaram, e o Gerald então baixou as calças e mostrou-lhes a bunda. Aquela atitude poderia ter se tornado um emblema da liberdade de expressão. Eu acho que é um genuíno ideal beckettiano. É tão Beckett, e faz parte do seu repertório.

Parte do seu próprio repertório de idiossincrasias é puro Beckett: sua origem, ele passou anos não apenas dirigindo peças de Beckett mas conversando e se correspondendo com ele. Então ele adotou uma espécie de *alter ego pater familias*.

Isso me lembra uma cena de Molloy, quando em algum momento ele conta... que está comendo alguém, mas não sabe se é uma vagina ou um ânus. E a questão seria, segundo a narração: será que existe o verdadeiro amor anal?

A exibição do Gerald não tem esse sentido? Quando o Gerald fez aquilo talvez eu tenha me lembrado disso, não sei por quê. Eu nunca perguntei isso a ele. De qualquer forma, não há dúvida que aquele momento foi para o Gerald um momento de total liberdade de expressão. Foi isso mesmo. Defendemos o Gerald porque somos americanos e temos que fazer isso.

Temos sim nossos problemas com liberdade de expressão, algumas palavras não podemos falar. Outras dependem do lugar, ou do horário. Mas quando eu falo de liberdade de expressão, nos EUA, é uma questão de interpretação.

Se os críticos aqui se manifestam como bem entendem, então o Gerald poderia fazer o mesmo. Acredito que aquele episódio não foi nada além de um exercício de liberdade de expressão. E não tive nenhum problema em dizer isso, e acho que fui citado em algum jornal no Brasil.

Uma Relação Tempestuosa

Uma outra coisa interessante: a longa, tempestuosa e obsessiva relação do Gerald com a imprensa. Ele tem colunas nos principais jornais do Brasil, há anos. Como se sabe, ele criava ilustrações para *The New Yorker*.*

Logo, ele é um colunista reconhecido. Mas pode-se dizer que ele se vê assim? Talvez não. Para os jornais ele é um articulista, sem contar as ilustrações.

E, ao mesmo tempo que ele se sente profundamente magoado com o que a imprensa tem falado, está sempre muito atento ao que pensam sobre ele. Eu diria que sua relação com a imprensa é um mundo à parte. A imprensa se tornou uma *persona* com a qual ele trava uma batalha permanente. E isso, de certa forma, não é muito diferente da sua relação com o teatro, nem dos conflitos com o público. A imprensa é o público com acesso à mídia. Não se dife-

---

* Erro do Philip: eu ilustrava para o *New York Times*, OpEd page.

renciam tanto assim. Sua obsessão com a imprensa se estende ao público. E que tipo de dramaturgo não o seria?

Se não fosse assim, o que ele estaria fazendo no teatro? Tudo que possa parecer pejorativo realmente não é. Faz parte da imagem de um homem que dedica sua vida ao teatro. Existe o público: o público que escreve para os jornais, os que saem vaiando do teatro, os que ficam e se divertem com tudo que ele faz.

Definindo Qualidades Essenciais

Como diretor, seu trabalho é muito mais que marcar ou iluminar — ele não é desse tipo. Ele elabora as emoções contidas nos atores, e acho que é esta a razão de sua forte sincronia com eles. Ele consegue quase sempre definir as qualidades essenciais do ator. E, se você perceber, são sempre pessoas incomuns. E ele curte muito tudo isso.

A peça pode ser engraçada, tocante, de qualquer tipo. E o público tanto pode se sentir ofendido como ficar fascinado. Ele vive mesmo nos limites da excitação. Em *Flash and Crash Days* ele colocou mãe e filha juntas no palco.

São singulares as relações do Gerald com os atores, com o público, com autores, com os amigos, com pessoas que trabalham eventualmente no teatro e ainda com outros autores. Ele trabalhou com Heiner Müller, trabalhou na Alemanha por um período, e fala alemão muito bem.

Brasinglês

Eu o chamo de brasinglês (*britzilian*), de sacanagem. Para ser sincero, não sei qual é sua nacionalidade — e ele já me revelou isso várias vezes. Não tenho ideia de onde é seu passaporte, de qual país é cidadão, onde paga os impostos, nem onde mora realmente.

Não apostaria um centavo nem arriscaria dizer onde ele realmente nasceu. Ele fala fluentemente várias línguas. O português, claro, ele cresceu lá, o inglês, ele cresceu lá, e o alemão. (Parece que viveu lá também, mas nunca saberemos.) Não, o alemão vem de sua família, que é de Berlim.

Teatro com Adrenalina

Basicamente, trata-se de um teatro sem máscaras, sem travas. Como uma noite de telecatch na TV a cabo, não em TV aberta em que todos podem assistir, mas tudo pode acontecer. É assim que acontece. Pode ser hilário, comovente, qualquer tipo. E o público pode ofender-se ou extasiar-se.

Ele realmente vive no limite do êxtase, que eu chamaria de *teatro com adrenalina*. É isso aí. É isso que ele quer e faz. Seja qual for a recepção. Bem, isso é outra história. Ele já marcou sua presença. Todos os envolvidos com o teatro o conhecem. O que virá depois? O Gerald não está preocupado com isso. Acho que ele só quer trabalhar, quer aquela troca de reações com o público, atores, colaboradores.

Ele quer uma vida no teatro, a energia que emana desta vida, o imediatismo e a paixão. É isso o que eu acho. Como irão reagir os outros? Sempre ficarão surpresos, encantados, incomodados, escandalizados e apaixonados.

Quer dizer: tudo está presente em seu trabalho. Essa coisa toda!

Entrevista de Philip Glass a Patrick Grant em Nova York, novembro de 2009.
Tradução: Claudio Martins.

10/04/2006

Folha de S.Paulo

As velhas raízes: Beckett

Happy Birthday, Sam!!! Cem anos, quem diria? Eu estava com você naquele dia trágico em que você recebeu a carta de um morto, um morto alegoricamente assassinado por um ciclista em Londres, teu melhor amigo de tantas décadas: Alan Schneider, teu diretor, aquele que te abriu as portas para a América e que dirigiu *Esperando Godot* com Zero Mostel e Burgess Meredith tão brilhantemente.

Schneider, americano, estava indo depositar uma carta no correio de Hampstead, em Londres, e, ao voltar, olhou para o lado errado. Foi atropelado por um ciclista, bateu com a cabeça no meio-fio e morreu.

Três dias depois você recebia a carta dele, e quase chorava enquanto me explicava que a origem de *Godot* vinha, de fato, de um ciclista — um campeão do *Tour de France* chamado Godeaux que, um dia, decidiu não aparecer mais na reta final. E o povo ficou esperando. Isso o intrigou, e você tomou o evento como exemplo, e o exemplo acabou virando uma espécie de metáfora horrível: meio século depois, um pequeno e anônimo Godeaux londrino atropelou o teu grande amigo!

Por que você me aceitou, arredio que era, tímido, alto demais assim como uma escultura de Giacometti, de quem tanto gostava?

Você só via cinco ou seis pessoas e detestava festas! Esse fedelho que escreve... Até hoje não entendo! Mas te agradeço tanto, Sam!

Eu te escrevia, do meu nicho no Brooklyn, páginas e mais páginas pelo correio: demoravam exatamente sete dias para que chegassem ao teu apartamento, no bulevar St. Jacques. E exatamente 14 dias depois, na minha caixa postal na Prince Street, no SoHo, lá estava: um cartão seu com letras quase ilegíveis, dizendo pouco ou quase nada, mas nesse vazio era muito o que você transmitia. O teu mero *yours Sam* no final do cartão era uma emoção "incontível" para mim... Eu, que conhecia teus textos, quase todos eles de cor.

Como foi que essas idas e vindas começaram mesmo? Ah sim! Num dos cartões, um tom diferente dos outros: "Se por acaso, um dia, talvez, quem sabe, estiver passando por Paris, talvez, poderíamos nos encontrar..." Peguei o primeiro avião.

A memória

Beckett não estava lá. Fui à toa? Eu ligava para Jerome Lyndon, seu editor, que me dizia que Beckett estava em sua casa de campo, em Ussy. Eu fiquei, não por acaso, na espelunca de sempre, o Hotel La Louisianne.

Depois de horas esperando um telefonema que não vinha, não aguentava mais de fome e saí para comprar um *croissant* na esquina. Na volta, recebo um recado da telefonista de que um tal de *monsieur* Beckett havia ligado e que ligaria de novo, precisamente às 19h. Quase enlouqueci.

Daí por diante não foi propriamente uma amizade: não se faz amizade com um mito. Justamente aquele que, de fato, escreveu do próprio punho *Finnegan's Wake* (Joyce já estava quase cego e ditava para Beckett). Ah... Hum... Hamm...

Ele reclamava profundamente da dor de suas mãos artríticas. Entre um expresso e outro e uma cigarrilha Café Creme, tirava do bolso da manta uma daquelas garrafas de metal amassadas, bebia um gole de *irish malt*. *Can never escape the old roots, you see?** Quanta memória!

---

* Não se consegue escapar das velhas raízes, entende?

22/09/2010

Os dias (in)felizes

Por que montar Beckett? Bem, a resposta poderia simplesmente negar a pergunta em si. Mas, sim, vale a pena respondê-la, acho. Vamos por partes, então.

    Se olharmos a obra de Samuel Beckett como se fosse uma estrutura sólida, uma dramaturgia aristotélica, damos com os burros n'água. Por outro lado, se focarmos a peça (especialmente) *Happy Days*, podemos perceber que tudo é altamente simbólico. Sim, Beckett transforma um vagabundo em filósofo e, ao mesmo tempo, transforma uma ideia de Verlaine (*Oh, les beaux jours*) numa clínica de lunáticos que discursam e discursam e portanto descartam Descartes. Justamente. "Se penso que existo, não devo existir. Mas, se existo realmente, posso desistir de existir." Lógico, não? Mas e o humor? E por que rimos dos jogos de palavras? Porque eles fazem nossa pele tremer com a veracidade de que a linguagem — e somente a linguagem — é o nosso único fio condutor para justificar nossa existência aqui nesse "tempoespaço".

    Então, o que resta?

    Restam nossos "disjectos", nossos objetos, nossas "coisinhas" (que Winnie retira da bolsa enquanto pondera). Sim, nossos restos resumidos em pequenas coisinhas que acumulamos e que ficam quando nós partimos ou morremos.

Assim como em *Fim de Jogo*, em que o cego e paralítico Hamm (que ouve a voz da humanidade toda, como o som negro do universo) depende (como se fosse uma dependência bíblica e química) de Clov: aquele que anda e fica de pé o tempo todo, não senta nunca e somente enxerga tons de cinza e tem um enorme medo dessa mesma humanidade que Hamm "ouve".

Foneticamente, Hamm soa como presunto ou como canastrão. Foneticamente, Clov soa como cravo encravado nas costas de um presunto pronto para ir para o forno na época de Natal. Sim, forno. É aí que eu queria chegar.

Não existe (nem em *Happy Days* ou em *Fim de Jogo*) uma intenção de jogar a criatura humana dentro do seu erro mais brutal: o de questionar suas existências. Ao contrário, as criaturas estão todas lá. O que falta é sempre algo que viria de fora, um Godot que não aparece nunca, um vento que promete, mas nem brisa vem, um cão amigo que nunca chega para guiar seu dono cego.

Os personagens são vítimas, assim como nós, na plateia, somos vítimas do destino ou de "algo maior" que nos rege. Samuel Beckett é um autor mágico que usou 80 mil referências e, no entanto, aboliu, deletou, apagou as preposições que as uniriam. Então somos vítimas de referências que precisam de referências, e isso torna tudo um enorme exercício de metalinguagem.

Na maior parte do tempo, ela se transforma em algo que não conseguimos e não devemos explicar. É mais ou menos como a dor de cabeça. "Mas eu não sou provedor de aspirina", diria Beckett. Metáfora não se cura com aspirinas.

Beckett, antes de mais nada, é para ser lido com simplicidade. Não que a obra seja "simplista". Óbvio que não é isso. Mas há um exagero de acadêmicos e de alguns diretores que defendem suas teses ou encenam suas peças. Eles pecam por lerem simbolismo grandioso demais, significados propositadamente escondidos em demasia. Não. *No symbols where none intended.**

Mas é óbvio que o intelectual irá ler o simples nome de um personagem ou pesquisar uma certa região na França citada e chegar às suas próprias conclusões sobre Vocluse ou outras regiões produtoras de vinho, quando, na verdade, o autor somente fez um jogo fonético que lhe parecia apropriado naquele momento.

Por que montar Beckett então?

Porque ele reflete nossa lúcida instabilidade e vulnerabilidade como nenhum outro autor.

A obra de Beckett é, antes de mais nada, lúcida, superlúcida e nem um pouco absurda.

Ela nos revela nossas eternas repetições e rodas e redemoinhos do pensamento que vêm a ser nossas vidas. Beckett expõe, como se fossem feridas abertas, o quão ridículo, estranho e engraçadíssimo todo esse tormento pode ser.

E temos que rir.

All moans and groans from the cradle to the grave.**

Beckett foi esfaqueado por um árabe em Paris em 1938, e no julgamento o quase assassino não tinha respostas: "Não sei. Não sei por que fiz isso", dizia o réu em detrimento da própria causa.

Eu diria que todos os personagens de Beckett depõem contra si mesmos. Até Winnie, quando quase completamente soterrada num mar de lamúrias estranhissimamente engraçadas e — literalmente — a ponto de não conseguir mais respirar.

Se *Not I* nos mostra uma boca que fala e fala e fala e engasga somente quando se percebe parte de um organismo maior, (*un*)*Happy*

---

* Não existem símbolos onde não há a intenção de colocá-los.
** Só murmúrios e grunhidos do berço até o túmulo.

Days mostra o que todas as peças de Beckett nos mostram: um ser em frangalhos BUSCANDO A ESPERANÇA.

Afinal, não é isso? A possível vinda de Godot não seria a solução para o dilema de Didi e Estragon? Os pais de Hamm (Nagg e Nell, ambos morando dentro de latas de lixo) não são a própria miséria buscando esperança?

Winnie, soterrada até o pescoço em *Happy Days*, não é diferente. Para não ter o derradeiro ataque de nervos que a derrube (assim como derrubou Willie, seu marido), ela olha o mundo assim como todo miserável o olha.

Através de uma fresta meio aberta da veneziana, vemos Beckett em *Rockaby* (*Cadeira de Balanço*) buscando alguma coisa numa vida que já se foi: "*FUCK LIFE*", dizia Billy Whitelaw. *One blind up, fuck life*,* assim como nas histórias curtas Enough ou em Imagination Dead Imagine ("Um lugar, aquele de novo, aquele não, não aquele de novo e agora então? O quê? Alguém dentro do espaço? Não, isso de novo não.")

Beckett sugere uma vida torturada. Nada intelectual ou absurda como Martin Esslin e outros imbecis o tentam categorizar. Sam fala das coisas mais simples e sempre quase no fim do caminho.

Eu disse quase no fim do caminho:

"*I'm unhappy. But not unhappy enough*".**

E arranca gargalhadas do público. Mas quem mais ri dessas máximas são públicos de países que passaram por ditaduras e muita repressão ou o (chamado) povão, cuja vida é árdua mas a imaginação é imensa. Ou então, em países do Primeiro Mundo, quem ri mais alto de *I can't go on. I'll go on.**** são os espectadores menos privilegiados,

---

* Uma veneziana entreaberta, foda-se a vida!
** Estou infeliz. Mas não infeliz o bastante.
*** Não posso seguir. Vou seguir.

aqueles que lutaram em guerras ou que voltaram delas e não se encaixam mais no sistema.

As cenas entre Pozzo e Lucky não poderiam ser mais ilustrativas nesse sentido. Não somos somente castigados a levar as cestas básicas que o Senhor nos deu. Hegelianamente, somos também castigados e chibatados por sermos seres pensantes, mesmo que esse pensamento venha em desordem ou desarmonia social.

Tom Bishop era um austríaco que dava aulas de francês aqui em NY na New York University e na Alliance Française. Era um dos melhores amigos de Beckett e tinha um *poodle* com o nome do autor.

Num café, o *poodle* não se sentia confortável (aliás, o *poodle* estava supercerto: nenhum cão deveria ser amarrado na cadeira enquanto os donos conversam). E o *poodle* começou a latir. E latir alto!

"*SHUT UP*, Beckett", berrava de volta o Sr. Bishop certo dia em Paris, sentado na frente do nosso querido autor em pleno café na Place d'Italie, que ouviu (atônito) a ordem de Bishop. E ambos, cão e autor, se calaram. Mas não por muito tempo.

Beckett gostava de anedotas. Suas peças e sua prosa nada mais são do que anedotas em vários atos e vários quartos e espaços vazios que nunca serão preenchidos porque somos, como raça humana, fadados a "falhar. Falhar de novo. Falhar melhor". Somos nossa pior companhia. Não aguentamos a solidão. "Você está deitado de costas no escuro e a sua própria voz é a sua única companhia."

Beckett pode ser visto como um autor cruel, engraçado, existencialmente saturado e dantescamente macabro. Mas o fato é que, se perguntarmos "por que montar suas peças", a resposta é mais que evidente: ele é a própria representação do nosso espelho quebrado, despedaçado num canto escuro qualquer dessa nossa vida estranha com seus murmúrios e grunhidos, do berço até o túmulo.

06/06/2010
Folha de S.Paulo

Ao mexer com nossa alma, Kazuo Ohno sacaneou a morte

Se você me perguntar qual foi a minha experiência mais mística no teatro em todas essas décadas, afirmo sem hesitar: Kazuo Ohno, que morreu na última semana.

Foi aqui em Nova York, no La MaMa, que o recebemos pela primeira vez. Deve ter sido no final dos anos 70 ou dos 80. Alguns anos depois, eu o vi de novo, num beco de Roppongi, em Tóquio, fazendo o ritual da morte, o seu próprio butô (diferente do de Min Tanaka ou do de Sankai Juko).

Kazuo incorporava algo: Qual algo? Ah... Quem explica a arte? Quem explica a arte que faz você engolir a sua própria essência e sentir uma dor no peito por dias e dias? Já com 70 e poucos anos, um mulher/homem (em *La Argentina* — versão Dietrich que ele viu certa vez na Alemanha), Ohno provocou tumultos aqui na rua 4, os ingressos esgotaram.

O butô de Ohno era a dança que transcendia a morte, como em *Tristão e Isolda* de Wagner. Kazuo era o *Liebestod*, ária final da ópera, na qual o amor transcende a morte e vice-versa. Meio vivo-morto em cena, tínhamos a impressão de que ele vinha carregado de "entidades".

E vinha mesmo. Quando eu o vi mais uma vez, no Sesc Anchieta, fui carregado para fora do teatro, desmaiado.

Sim, desmaiei, porque lá, em cima de sua cabeça e ao redor do seu corpo contorcido em dor e molecagem, eu vi os corpos dos "meus" mortos: Julian Beck, meu pai, Artaud e tantos outros.

Cada um via várias entidades nesse japonês que fazia uma mistura singular entre uma arte oriunda da dor do pós-guerra e do teatro Nô somado a uma espécie de candomblé.

Ohno era a versão japonesa do *caboco véio*.

Nossa! Não posso dizer que era de arrepiar. Era mais que isso.

E ainda agora, no voo que me trouxe de Londres para Nova York, eu vinha escrevendo sobre as entidades que compunham a edificação da arte do nosso tempo.

Pina Bausch, Merce Cunningham, Bob Wilson, Philip Glass e Kazuo Ohno.

Ohno morreu 11 meses depois de Pina. Começo a acreditar que é extraordinário como os deuses do teatro conduzem a mão e contramão de quem deixou realmente um legado. Um tremendo legado. Como Beckett em *Ato sem Palavras 1 e 2*, Kazuo era o "Ato sem Palavras número 3".

Suas mãos ainda cavam fundo na alma algo que nunca acharei. E por quê? Porque o butô celebra a morte. Celebra o único contrato que temos em vida: a morte. E Kazuo Ohno foi uma mistura de Rembrandt e Andy Warhol a sacaneá-la mexendo com a nossa alma e a alma da própria história do teatro para sempre.

Adeus, querido. *Sayonara*.

18/05/2009

Nada a declarar

> "SINTO-ME COMO UMA MASSA,
> COMO UMA PASTA, IRREGULAR,
> INEXPLICÁVEL,
> tRIStE, VAzIA, RUIdOSA,
> SEM NAdA A dECLARAR"
> (GERALd THOMAS)

Londres. A BBC mostra uma reportagem sobre o exército iraniano que luta contra os traficantes do Afeganistão, eles trazem heroína através dessa fronteira. Parece ser essa a maior guerra contra o narcotráfico no mundo! Será? Mais uma vez estou diante de fatos produzidos ou reproduzidos pela mídia. Será essa guerra "contra as drogas" maior que a da... (bem, vocês sabem o que estou pensando. E se não sabem, deveriam saber)?

Recessão: um dos mais revolucionários e inovadores de todos os tempos, *ever*, John Cage tem uma peça para piano que se chama *Silence*. E, nessa peça, um pianista (o original, David Tudor) sentava ao "piano temperado" (uma invenção de Cage, se não me engano) e nada fazia, por 14 minutos.

Bem, recessão econômica pode ser vista dessa maneira. Algo acontece, sim. Mas nada acontece. Digo, algo acontece, sim. Existe o instrumento, existe um músico e até uma partitura. Existe até uma expectativa enorme de música no ar, mas o que se ouve nada mais é do que um enorme ruído do que habitualmente chamamos de silêncio. Cage compôs isso na década de 50, depois de várias recessões econômicas e artísticas. Depois de uma falência múltipla de órgãos ou valores ideológicos. Fim da Segunda Grande Guerra. Início do sonho americano, início de um grande fim. Qual fim?

Aquele em que, ao mesmo tempo, Beckett descrevia seu deserto em *Esperando Godot*. Uma entidade que não vinha. Uma promessa que não chegava.

Até hoje nos sentimos incomodados com a partitura de Cage. Até hoje nos sentimos incomodados com a "partitura dramática" de Beckett, com as montagens recentes da Broadway e daqui, do West End. É visível o quanto o "grande público" ainda não está preparado para "entender" Beckett. Então, *Esperando Godot* é aplaudida por uma plateia que, na verdade, se incomodou com os silêncios ruidosos deixados nas entrelinhas não ditas ou malditas entre Didi e Estragon, ou nos geniais monólogos de Lucky.

Não queremos entender o vazio. Não estamos preparados para ele. Portanto, a mídia nos enche de ervilhas. Essa reportagem da BBC, assim como ver a foto do jogador Ronaldo em plena capa do respeitoso jornal paulistano em pleno sábado (não é mais só a foto do gol nas segundas, agora tem jogador na capa também aos sábados, brasileiros!), me deixa um tanto receoso quanto a tentar explicar o inexplicável: "Um dia não terei mais nada a declarar." Sim, um dia, nós não teremos mais nada a declarar.

Estaremos mudos diante das conflitantes e concomitantes notícias: nada prova nada. Jura? O exército iraniano? Mas justamente esse Irã que tanto ostracizam? Caramba! "Sim", diz um oficial da armada iraniana contra as drogas: "o mundo ocidental nos deve muito, já que um saco desses, nas ruas de NY ou de Londres, custa 80 mil dólares! Mas não nos dão um tostão porque acham que estarão armando o exército iraniano." Pois é. Está posto o dilema!

Está estabelecido o conflito, como dizia um personagem a outro em *Electra com Creta*! Ah, os tempos! Como passam...

Nada a declarar:

Temos o instrumento. Temos a partitura. Vemos o que vemos. Mas o que enxergamos? As guerras — apesar de serem aristotelicamente explicáveis e perfeitamente lógicas (se justificadas por um lado ou pelo outro) — não passam de encenações sangrentas e que devoram milhões de almas. Milhões. Não fazem nenhum sentido. Nenhum.

Me perdoem por este texto não fazer sentido, mas é como estou hoje. Sinto-me como uma massa, como uma pasta, irregular, inexplicável, triste, vazia, ruidosa, sem nada a declarar e, no entanto, querendo dizer tanta, mas tanta coisa e... sem conseguir dizê-lo.

Mas não sou John Cage: não consigo (ainda) criar um espetáculo no qual alguém senta e nada toca por 14 minutos. Meu recorde foi em *M.O.R.T.E.* (Movimentos Obsessivos e Redundantes para Tanta Estética), em que coloquei os atores em posição de total estática, rígidos como estátuas de sal, e acendi as luzes da plateia, por 7 minutos Mas isso foi em 1990. Quarenta anos depois de Cage.

Estou morto.

Me perdoem, não tenho nada a declarar.

02/02/2009

O que eu sou e o que não sou

Londres. Pois é! Esta cidade amanheceu soterrada por quase 30 cm de neve. Já ontem à noite o carro patinava pelas ruas como se fosse uma nave desgovernada. Para quem está em plena crise existencial, isso é a própria metáfora perfeita.

Olha, vou tentar explicar: o blog me reduz. Por favor, não me leiam mal. Mas, sim, ele me reduz. Ao mesmo tempo, eu vivo dizendo aqui que "estou me despedindo do blog, que estou acabando com isso aqui".

A razão é simples. Talvez nem tanto.

Seguinte: eu sou um ser político.

Não sou um ser político.

Bem, não é bem isso.

Este blog comemorou ontem cinco anos de existência, contando com o do UOL. Mas, numa recente entrevista que o Philip Glass deu a meu respeito (linda, deslumbrante), ele me situa dentro do mundo teatral, assim como a Ellen Stewart, a minha *mamma*, do La MaMa, também havia feito há cerca de umas semanas em sua cama de hospital em Nova York.

O blog

Isto aqui acabou virando uma tela de Pollock. Mas não lúdica. Não estamos no campo da cultura, como eu havia me proposto. Acabo me vendo no campo das "mundanices", respondendo e atacando coisas e pessoas que são, em última instância, a menor das minhas preocupações.

Me vejo pequeno!

Sim, me vejo pequeno. Não nasci blogueiro. Sou autor e diretor teatral e, desde que essa entrevista do Philip foi editada, eu tenho pensado o que fazer da vida, qualitativamente. O que fazer?

Claro que durante esse último ano o assunto era Obama. Eu não poderia deixar de comentar com paixão aquilo que mais me movia e me comovia no campo da política, cultura e comportamento mundial, e Barack Obama compreendia tudo isso.

Mas Obama agora é presidente. Pronto. Já aconteceu. Agora o presidente Obama completa praticamente duas semanas desde o seu comando na Casa Branca.

Lula, lulismo, Castro e castrismo, Brown e brownismo, Merkel e merkelismo, e ficar reclamando disso e daquilo não é o meu barato. Tem gente muito mais qualificada para fazer isso. Entenderam?

Estou escrevendo *Hard Shoulder* (Acostamento), um novo espetáculo. E não posso e não irei mais ficar blogando a favor ou contra aspectos menores de governos locais. Sim, é isso. Daqui de Londres eu poderia estar comentando o que o mais recente *plot* da NI5 contra os paquistaneses extremistas islâmicos tem... mas não vou. Poderia falar do eterno debate local sobre a eterna luta contra a União Europeia em que Edward Heath jogou o Reino Unido e que hoje traz para cá uma quantia desproporcional de romenos, de croatas, de búlgaros, enfim, do Leste Europeu e que "não estavam no contrato" quando Heath (primeiro-ministro nos anos 70) queria ligar a ilha ao "continente" (significando França, Alemanha, Itália e olhe lá!). Mas, mais uma vez, não vou falar disso. Ufa!

Então, este artigo é um artigo de alguém em plena crise.

Nem de Obama eu falo mais.

Nem sei exatamente sobre o que escreverei até maio próximo. Sei que de política estou de saco repleto. E por quê? O motivo é simplérrimo: é só voltar para Londres para se ter uma sensação de que o tempo parou.

Encapsulou-se o tempo. Deu-se um pulo para trás. São as mesmas reclamações conservadoras ou trabalhistas de sempre e sempre.

Mas eu não sou um sujeito do "sempre e sempre".

Prefiro ser do nunca e nunca. Ou na linha do risco, sem rede embaixo. Afinal é teatro, ou não? Estou mais para Lewis Carroll ou Borges do que para esses Saramagos que resmungam e resmungam.

Tenho um dia enorme pela frente. Estou de bem com a vida: acreditem. Londres me faz bem, me "aterra", apesar de ser o lugar da *madness of king George* e do avô de Mick Jagger! E no mais, obrigado a todos vocês por terem me aturado por esse tempo todo!

Vou tentar me mover nesta cidade nevada e, debaixo do braço, alguns livros "básicos": *A Náusea, 1984* (acreditem se quiser) e outros menos conhecidos como *O que fazer?*.

20/11/2006

Quem me viu e quem me verá!

Nada como sentar com amigos de longa data. Avalia-se o tempo, momentos tristes, alegres, os mais depressivos como os mais eufóricos. E, no final, a prova de que o inverno está chegando, e o velho companheiro me lembra "não está na hora de renovar as suas *Timberlands*"?

Nada como sentar com um amigo recente. Ele te revela tudo aquilo que você mais temia a respeito da tua imagem girando por aí, mas tinha medo de perguntar. "Putz, aquela atriz que trabalhou com você... Deus do céu! Você não tem ideia do que ela espalha a teu respeito!" Indignado e surpreso, mas curioso ao mesmo tempo, eu insisto: "Mas o quê, espalha o quê?"

"Você não tem ideia de como você é visto pelas pessoas, ou melhor, você não tem ideia de como é a tua imagem por aí." É verdade. Não tenho mesmo. A autoimagem é o grande problema da modernidade, talvez o grande problema dos psicanalistas, eles mesmos alvos dessa patologia, a deformação da autoimagem.

Num mundo onde o indivíduo é nutrido de humilhações e falta de identidade, aquele que se pronuncia, que emite opinião, vira, automaticamente, alvo de toda sorte de fofocas.

Tudo bem. Posso dizer que não me importo. Mas não estaria dizendo a verdade. Me importo sim, principalmente com aquelas (olha o feminino!) que dizem ter me conhecido profundamente através do trabalho ou através de um contato mais "pessoal" (geralmente são pessoas que sequer me viram pessoalmente) e saem por aí dizendo coisas. Fui tachado de polêmico logo cedo na minha vida. Polêmico, na imprensa, para mim significa que o jornalista é preguiçoso.

"Nossa, ele é um grosso, viciado, come todo mundo, um alcoólatra." Fazer o que com essa mitologia ao contrário? "Um mitômano!" "Veado!" Até uso de heroína já ouvi! Heroína, que loucura! Uma "ex" faz anos chegou para outra "ex" e disse: "Ele é estéril, não pode ter filhos." Essa mesma "ex", Daniela (Thomas) Alves Pinto, só tinha ciúmes na cabeça quando disse isso, porque presenciou uma *miscarriage* (aborto natural) quando uma outra "ex" italiana, Silvia Pasello, estava internada no Hospital Público de Taormina (Sicília) onde a Cia de Ópera Seca se apresentava em *M.O.R.T.E.*

Sofri com os vários abortos. Um outro em Graz, Áustria, que a Gilda fez, e uns outros que não valem a pena mencionar. Triste, triste como agem as "ex". Não adianta dizer mais nada: é como se defender de fantasmas. Inúmeras reportagens, tanto na mídia impressa quanto na televisiva, já indicaram o contrário: atores celebrados como "monstros sagrados" já deram seus depoimentos: *"Ele é tão carinhoso, cochicha em nossos ouvidos, está sempre no palco com a gente, nunca senta na plateia como os outros diretores, tem a dinâmica do ator, já que escreve o texto no momento exato em que estamos ensaiando."* No entanto, tudo isso parece evaporar-se como a fumaça que uso no palco. O que parece sobreviver é a imagem de um monstro.

Então, que assim seja. Vou começar a vivê-lo. Digo, vou começar a satisfazer a imagem pública que fazem de mim. Chega de me desculpar. A partir de agora, farei jus a esse espelho torto que construíram a meu respeito. Não só irei vivê-lo como também quebrá-lo. Estou achando tudo muito engraçado. Vou desligar o telefone na cara de todo mundo, entrar sem cumprimentar ninguém, não respondo mais e-mails, virarei aquele "inatingível" que me pintam ser. Acho que assim me "vendo" mais caro! Antipatia é o que querem? Subirá o meu preço!

Eu ia escrever uma coluna linda sobre o recém-falecido jornalista Ed Bradley, do *60 Minutes*, da Rede CBS, ou da morte de Don Hewitt, o editor do mesmo programa, ou da morte de Pina Bausch, que não consta na BBC ou na CNN, o que me enfurece, e do *speech* do Obama ontem em Copenhague sobre a diminuição de CO_2 (ou seja, nada. Não disse nada). Mas da maneira como minha autoimagem está enaltecidamente cortejada, o jeito mesmo é "ficar" antipático, arrogante, orgulhoso. Já que não importa mesmo que as pessoas não me conheçam na intimidade e não saibam dos meus sacrifícios diários de sobrevivência... entendi de uma vez por todas que uma pessoa pública é assim mesmo: uma "coisa", um "produto". E produtos não derramam lágrimas e nem se despedem!

08/11/2006

Cansei!

Nova York. Querem saber de uma coisa? Estou cansado, estou exausto das seguintes "categorias" de pessoas:
1. políticos: porque não são políticos. São comandados por lobistas que representam as grandes corporações, os bancos etc. Mas posam bem para fotografia, têm aquele protocolo, aquele cerimonial todo que é um saco! Não sabem falar em público. Ficam tentando ler o *teleprompter* mas acabam recorrendo aos seus papéis (escritos pelos *ghost writers*). Pergunta: um cara se elege, supostamente porque pensa o mundo, tem noção histórica, tem um programa que quer executar, mas quase todos os líderes no mundo sobem ao pódio e se comportam como umas bestas, não têm ideia do que estão falando. De vez em quando se ouve uma inflexão herdada de Dom Helder Câmara (deve ter um fonoaudiólogo no mundo que gravou essa dinâmica musical de Dom Helder, demagógica, bem própria mesmo para os papagaios políticos).
2. jornalistas: se sentem como se fossem os donos do mundo. Mas nada fizeram para mudá-lo. Só reportam o que lhes convém. Nesse mundo não existem fatos: existem apropriações e muita política. Eu acho que deveria ter na Constituição de todos os países uma

cláusula que determinasse que todos os jornalistas teriam que ser políticos por alguns meses. E vice-versa. Um porre. Todos distorcendo tudo, sempre para que se cumpra a linha editorial ou política.

3. a população em geral: pronto! Todo mundo é completamente ignorante hoje em dia. Não sabem nada. Nada mesmo. Ficam nos *chats* da internet, ou com essa porcaria de iPod no ouvido, se vestindo como eu me vestia na Bibba, na Kensington High Street ou na Portobello Road. Só que Notting Hill ganhou um "h" e virou Nothing Hill e Portobello virou um cogumelo.

Cadê todo mundo? Às vezes me engajo em conversas pelo e-mail interessantíssimas. Um dos correspondentes é um ex-preso político, Arthur Geraldo Bonfim de Paula. Tem outros. Um dia ainda irei publicar os e-mails que recebo diariamente. Todo mundo me dá conselhos, os mais diversos. Aonde eu tenho que ir ou não ir, qual ópera dirigir... Olha, não dá mais para conviver com pessoas que não têm opinião. Aqueles que têm alguma nada sabem sobre o mundo, suas guerras, como nasceram aqueles países. Mas acham que sabem tudo. Então, para não terminar numa nota muito depressiva, vou ainda derrubar essa gente chata das finanças, subsecretário de diretor artístico de teatro pelo mundo. Eles se mexem como se estivessem no ponto mais alto de suas vidas, ou da humanidade em geral, e só sabem mesmo é cumprir ordem.

O que me deixa feliz? Como? Ouvi direito? É quando alguém pega um hipócrita em flagrante. É o caso desse reverendo aí, o Ted Haggard, pai de cinco filhos e prega a moral para milhões de pessoas. Mas qual a moral dele? Essa que está em moda agora que estamos a dois dias das eleições americanas: "casamento é coisa entre homem e mulher", pois Ted, esse crente aí, teve uma relação com um *michê* há anos. Querem mais? O cara usava metanfetamina para que o sexo ficasse melhor. Quando o escândalo estourou ele negou tudo, claro. Hoje confessou que era tudo verdade mesmo. E renunciou à igreja de onde era pastor.

Este artigo era para ser sobre como é mais fácil encontrar o açaí aqui e em qualquer capital americana do que em São Paulo, por exemplo. Aqui, em todas as esquinas ou tem uma déli ou um coreano. E a seção do sambazon.com é deslumbrante (a minha geladeira que o diga!). O açaí deles é plantado por eles mesmos, é o orgânico, junto com um projeto lindo... não, isso fica para outra hora. Mas tem sucos de todos os sabores, como Bossa Nova, e mesmo chocolate ou manga com açaí, ou mesmo numa loja de pílulas/vitaminas ele está lá em frascos grandes.

Terminei o artigo. Vou tomar meu meio litro de açaí e esquecer que existe nessa Manhattan ou qualquer lugar do mundo tanta gente insuportável.

21/01/2008

Manhattan

Esta ilha que sempre foi uma espécie de embarcação ancorada nos EUA, pagando anualmente para poder manter-se flutuando por aqui (acho que estou usando palavras de Susan Sontag), uma espécie de pênis à meia-bomba (depende de como você segura o mapa), pendurada, presa entre os rios Hudson e East. Odiada pelo resto do país e invejada pelo resto do mundo, é cruel e às vezes tremendamente conservadora. Conservadora? Sim, tremendamente conservadora.

Manna-hata, como está no livro de registros de Robert Juet de 1609, ela significaria "um lugar com muitas montanhazinhas". Bosta. Nada disso. Na minha opinião os holandeses que conquistaram isso aqui num delírio entre Dutch e Deutsch devem ter falado *mann hat es*, ou seja, A Gente A Tem: Manhattan.

O que importa é que Manhattan, como centro da Vanguarda do mundo, não é nem um pouco generosa com os seus "filhos", por assim dizer. Falo da arquitetura, uma das minhas "fissuras" na vida, assim como a música.

Vamos ver. Aqui não existe um único prédio de Frank Gehri, por exemplo. Se Bilbao tem o seu Guggenheim e Berlim está cheia de Gehris, NY não tem um único prédio assinado por ele. E nem por

Peter Eisenman, esse desconstrutivista tem Berlim nas mãos, mas necas de NY. E mesmo o pai da arquitetura americana, Frank Lloyd-Wright, só tem uma única construção erguida aqui, o Guggenheim Museum, na Quinta Avenida com 88. Loucura, não?

Esta cidade que nos deu a cultura da *art déco* é um *cocktail* de tudo e nada, é o espellho da própria emigração, desse *melting pot* que é Manhattan. Vejam o Chrysler Building (*dark*, gárgulas metálicas), ou o Empire State Building ou o próprio Rockefeller Center, para não mencionar preciosidades como o Flatiron Building, que termina numa quina, ou pequenos detalhes de prédios da Madison Avenue que têm verdadeiras esculturas *déco*, ou o SoHo todo "esculpido" em ferro-gusa (*cast iron*) ou os prédios dos Correios que Saul Steinberg adorava reproduzir em seus desenhos, os *government buildings* como os dos correios na Canal Street e na Oitava Avenida, em frente ao Madison Square Garden, com suas escadarias e colunas greco-romanas calipso ultra-ante-pós do nada. A arquitetura é, digo, era isso (até que entrou o Donald Trump, esse cafona, e seus negócios com... deixa pra lá), um espelho da mistura daquilo que aportava em Ellis Island.

Olha só o prédio da Time Warner Cable (onde fica a CNN), em Columbus Circle, que não completa dois anos de idade! Uma homenagem à decepção, ou melhor, uma homenagem ao "engenheiro". *Bye bye* artista, arquiteto: entra em cena o engenheiro. A poucos quarteirões (subindo a Broadway) fica o Lincoln Center, um símbolo do "modernismo" da década de 60. Gostando ou não, aquilo hoje (especialmente a Metropolitan Opera House e o Avery Fisher Hall) parecem prédios de Riad, na Arábia Saudita. Ou o Dakota, na Central Park West com 72, onde Lennon morou e morreu, onde Leonard Bernstein, Nureiev, Lauren Bacall viveram, e o filme *O Bebê de Rosemary*, obra-prima de Polanski, foi rodado. De onde vem aquilo? Da Transilvânia? Os labirintos lá dentro ainda mantêm vivo o espírito de Bela Lugosi.

Mas de volta ao modernismo! Os prédios de Walter Gropius na Sexta Avenida (em frente à NBC) ou mesmo a ONU de Corbusier. Mas e os mestres americanos? Somente o insosso Phillip Johnson conseguiu plantar aqui suas sementes simpatizantes nazistas. Desde o AT&T Building (hoje chama outra coisa) com seu famoso hall amplo e vazio embaixo e o furo (sempre os furos nazistas, símbolos de Goebbels em seus diários, uma bola, um furo na página que o arquiteto do nazismo, Albert Speer, se recusava a copiar...). Esses furos são visíveis no *skyline* de Manhattan, prédios de Johnson, no Financial District, como em Midtown: são pirâmides furadas no topo. Sim, tem seu Lipstick Building (batom) que é um tremendo fracasso como prédio, mas faz um lindo par com o retângulo (ou melhor, quadrado) metálico do Citicorp bem em frente.

Generosidade, né? Pagar um pouco mais para ter a arte como prédio, já que grande parte da receita desta cidade vem de pessoas que olham para cima, para os lados, e pasmam. Pasmam. Eu pasmo.

Chega. Estou irritado. É porque vejo daqui que Williamsburg está virando um prato cheio para esses incorporadores que erguem alguma bostinha de 40 andares em seis meses, e tudo tem cara de nada. Alumínio e vidro, nada nem um pouco inventivo, nada nem um pouco pensado: somente sobe como se fosse um Viagra da arquitetura, sobe sem tesão. Ereção automática, sintomática dos tempos.

16/08/2008

A bandeira de lugar nenhum

Andando pela cidade ainda atordoado, como sempre, resolvi dar uma volta em torno do reservatório d'água, no Central Park. É oval, circular. Hoje ainda estava cheio de poças d'água. Os *joggers*, aqueles corredores doentios conectados ao iPod, correndo atrás de suas vidas, ou mais para perto da morte, berravam "room please" e todos nós, os mortais, abríamos caminho. Eles passam correndo, trotando, e eu andava rápido, muito rápido, pensando na vida: "Nunca irei me acostumar com o *skyline* dessa cidade. Mesmo vivendo aqui, no Rio e Londres e Alemanha, desde sempre, nunca irei me acostumar a lugar nenhum."

Kafka, certamente um dos maiores autores da humanidade, mas que ultimamente circulou pelos blogs por motivos imbecis, é autor de uma frase que adoro: "Quando vou dormir à noite, me certifico de que tudo está em seu devido lugar. Quando acordo, acho estranhíssimo que tudo esteja no mesmo lugar em que deixei ao ir dormir."

A turistada está foda, aqui! Em Londres, semana passada, a turistada também estava foda. Sempre foi assim? Não, acho que não. O dólar está baixíssimo, e isto torna Nova York mais acessível para todos: uma brasileira (sem a menor ideia do que estava dizendo) exclama: "Isso aqui é a minha cara!"

Quer dizer que ela é a cara do Chrysler Building, construído no auge do período *dark* da arquitetura *art déco*? Quer dizer que ela sabe exatamente quem era Frank Lloyd-Wright, e sabe o que ele fez com o concreto protendido, quando experimentou com o seu Guggenheim em espiral? Quer dizer que ela sabe o que o Lower East Side (Essex Street com Delancey, por exemplo) significa no calendário de um lituano imigrante? E ela sabe o que aconteceu com a "sua cara" (com sotaque de Vila Nova Conceição) em Saint Mark's Place nas décadas de 60 e 70? Não. Ela não sabe. Mas, mesmo assim, NY é a "sua cara"! E o pior é que é mesmo! Trump é democrático! Barbara Walters, que caminha anônima aqui ao lado, também é. (Acaba de pisar numa poça.) Mas turista quer ver arquitetura, prédio, *art déco*? Claro que não! Turista vem aqui para… fazer COMPRAS!!!!! E fazer BARULHO! E subir no Empire State Building para tirar fotos. E compram ingressos para shows da Broadway sem nem saber que as origens dessa tradição foram contrafóbicas reações ao Musiktheater, uma reação ao teatro musical europeu. Trocando em miúdos: o musical da Broadway vem a ser uma versão *action movie*, uma versão light da ÓPERA europeia. Pasmem! Mas… a Macy's está lotada! E a Bloomingdale's também!

Uma amiga me mandou um trecho que faz parte de um texto que escrevi para a *Folha* e está publicado no livro *Um encenador de si mesmo* (Perspectiva, 1996) — Haroldo de Campos fez a curadoria a respeito de minha obra. Esse trechinho falava sobre o artista plástico Jasper Johns, um dos maiores, da turma do Raushenberg (morto faz pouco tempo), ambos descobertos pelo Leo Castelli, aquele que montou sua galeria na West Broadway, aquela via que divide o SoHo entre vivos e quase mortos!

Mas nesse sábado ensolarado aqui em NY eu endosso isso que escrevi há mais de 14 anos. Eu sou ele, o Johns. Ele vira eu. Somos todos feitos da mesma coisa: Nova York é uma mistura linda!

Essa mistura incoerente é, em si, uma celebração. Celebrações podem constatar momentos tristes. Como festas. Festas podem ser coisas tristes, como os lamentos do samba, os lamentos do jazz. Os lamentos do blues. Só não ouve quem não quer.

Eis o texto: "O artista é sempre um estrangeiro." Está no capítulo "A bandeira de lugar nenhum".

> *O "elemento terra", no artista, flutua sobre camadas espessas de influências, maleáveis e pessoais, a ponto de sofrer do mal itinerante (necessário) que os povos nômades sofreram no desesperador esforço de acumularem sofisticação durante seu percurso.*
>
> *Criar inimigos sempre foi e sempre será a tática de todos aqueles que não conseguem mais se olhar no espelho ou tolerar a entrada de imagens estranhas àquelas que se admiram. E a cara do inimigo geralmente compreende todos os traços que a sua não tem. Tudo aquilo que a moldura do espelho contém pode ser chamado de "estrangeiro". Alguns se penteiam perante o estrangeiro e se embelezam para ele. Outros jogam pedras no estrangeiro e o estilhaçam, confirmando mais uma superstição.*
>
> *Toda arte produzida em grandes centros é descaracterizada de nacionalidade. Ela é urbana simplesmente. Essa urbanidade compreende a falta de identidade, a confusão étnica e mística que as vias de concreto propõem...*
>
> *A produção artística dos centros urbanos é a natureza mais que morta, decrépita, mas, paradoxalmente, essa decrepitude contém todos os aspectos do homem moderno, suas várias nacionalidades — tudo justaposto, aglomerado, anárquico e fora de ordem, neste disfarce democrático fica difícil distinguir até o sexo da obra, quanto mais a sua origem étnica.*

Nova York de então
Nova York de agora
O estado de espírito de sempre.
Gerald Thomas (alheio aos sons de Phelps e Spitz e ovações em Beijing, sorry: Pequim, Atchim!).
PS 1. Maureen Dowd — Considerada a mais (*ouch*) "polêmica" colunista do *New York Times*, escreve sobre, bem, leiam trechos, chama-se "A RÚSSIA não é a JAMAICA!".

A América está de volta à Guerra Fria e "W" [George Bush] entrou em férias novamente [...] Depois de oito anos ele continua ignorando a realidade; deixando de prever ou se prevenir ou mesmo se preparar contra disasters: *interpretando mal ou não interpretando os* reports *das agências de inteligência [...]*

Ele passou 469 dias de sua presidência no rancho, dando coices, 450 dias em Camp David "dando pinta" [...] Isso tudo está acontecendo enquanto a Rússia avança para dentro da Geórgia [...]

Trechos da BRILHANTE colunista que pega no pé de todo mundo, geralmente não alguém específico, não adianta dizer que ela é isso ou aquilo — ela é simplesmente Matemática, como 1 + 1 são 2: Maureen Dowd.

04/06/2004

Obesos, anoréxicos, tanto faz

Nova York. Televisão ligada na CNN o dia inteiro, o programa do Anderson Cooper *360 graus* acaba de dar imagens geradas no Brasil sobre a chacina na prisão do Rio. Há algo diferente — sempre — quando aparecem imagens brasileiras aqui. Não sei se é fruto de uma descoloração natural por causa da defasagem de equipamento (o brasileiro)... O fato é que daqui o Brasil tem ainda mais cara de terceiro mundo do que, digamos, o Iraque.

Claro, claro que o Brasil é mais Terceiro Mundo do que o Iraque. Este último está no centro do asterisco do Império Bizantino, ou seja, no berço da civilização, com suas brigas tribais absurdas, sunitas contra xiitas, contra curdos... Lutando há milênios (no Império Otomano, contra turcos, surdos, cegos e mudos — literalmente), e nessa atual configuração que chamamos de Iraque, não serão os americanos e nem a ONU a criar o elemento que promoverá o reencontro dessas tribos árabes que se odeiam e se mutilam desde antes de Cristo.

Mas ver o Rio daqui é de chorar. De certa forma, choro de saudades também, pensando que, se o STF em Brasília me condenar, não sei qual será o meu futuro aí. Mas sei que fará uma pessoa muito feliz.

Voltando às imagens da televisão: os camburões, a polícia empobrecida, os fuzis antigos, tadinhos... não sei se é para chorar ou rir desse Garotinho que me processou pela bunda que mostrei no Municipal, e que ressurgiu essa semana no Supremo Tribunal Federal, em Brasília... e me pergunto se isso é hora de rever o caso da bunda, lá em Brasília, num STF que deve ter, certamente, coisa mais importante para fazer. Mas devo estar enganado. Minha bunda, para o Brasil, tem uma enorme importância. Eu é que não me dou conta disso. Ainda hei de descobrir o motivo.

Não quero e não posso escrever muito sobre isso (obviamente não quero me prejudicar), mas que é Kafka puro é, nesse Brasil que se encontra num buraco só! A essa altura dos acontecimentos! Rever tudo isso?

Sabe de uma coisa? Está tudo irrelevante. É mais ou menos como escrever para esse jornal indo ralo abaixo, como o resto do mundo. Uma farsa mal contada. Aliás, uma farsa mal contada deixa de ser uma farsa: é como ver uma peça de teatro da coxia e assistir a todos os truques, como eles são feitos pelos contrarregras. Não que não tenha sua graça para o público, mas como conheço a farsa de frente e pelas coxias (pois sou eu que crio os truques) a coisa perde a sua graça. Enterrar o primeiro corpo deve dar lá seus *thrills* para o coveiro. Agora, imaginem o milésimo!

Pois é, já montei, entre turnês e remontagens, mais de mil espetáculos em 12 países.

Então é mesmo melhor olhar o mundo através do prisma daqueles que só se preocupam com os regimes (não os militares ou as democracias ou os grupos de interesse, mas aqueles que prometem que você vai perder não sei quantos quilos em não sei quantos dias).

Os romanos ainda tinham a melhor solução: dois dedos na garganta depois de encher a pança. A segunda melhor solução quem tem é a Courtney Love. Essa já não tem mais jeito. Perdeu toda e qualquer compostura. Aparece no tribunal drogadérrima, enrolando a língua, tropeçando nos repórteres, não falando coisa com coisa.

Mas não falar coisa com coisa o Bush também fala. Então sou mais a Courtney Love, mais divertida e não gasta dinheiro público.

Quando ando aqui pela rua 23, não vejo mais gente. Vejo obesos. É uma loucura. Não são mais corpos: são batatas ambulantes. Não andam, apenas movem-se com dificuldade e comem enquanto se arrastam pelas ruas. Em contraponto, com a chegada do calor, a cidade mais *sexy* do mundo (Nova York) começa a expor os corpos belos, magros, frívolos e fúteis. Numa arca de Noé, não teria o que se salvar nesse mundo de falsas celebridades (essas que saem de fábricas não têm talento algum, alpinistas sociais, só estavam no lugar certo no momento certo e deram para a pessoa certa: tenho provas do que digo em alguma instância).

Agora, magro do jeito que sou, e não precisando perder peso (ao contrário), vou para o banheiro meter dois dedos dentro da garganta e dar uma bela vomitada. É o meu *salut* diário ao mundo e suas nações brilhantes.

E Viva o Terceiro Mundo!

De quem não tem mais nada a dizer,

subscrevo-me cordialmente

Gerald Thomas

26/03/2008

Nowhere man, nós em nenhum lugar: adeus!

Nova York. Fico estranhamente incomodado quando chamam alguém de estrangeiro. Tipo... Samuel Beckett é um dramaturgo "irlandês". Mesmo? *Wow*. Pois bem, com esse eu convivi, dirigi suas coisas, adaptei. Sim. Ele, de fato, falava com um forte sotaque de *foxrock*, e seu "distanciamento quase cruelmente brechhhhtiano ou artaudiano" a respeito do "outro" lado da ilha britânica fazia com que ele, assim como seu mentor, Joyce, brincassem e bordassem com a língua (os dentes também). Aliás, Yeats, né? Bem, deixa isso pra lá.

Tanto Joyce quanto Beckett "escolheram" esquecer de onde vieram. *Exiles* é um texto de Joyce para teatro, se não me engano. Não consulto o Google quando escrevo. Simplesmente vou até onde minha *poor* memória me trai. Esse texto é sobre a terra e aqueles que escolhem seu próprio destino e sua própria diáspora. Ambos saíram correndo de lá (os irlandeses têm uma certa queda por saírem de lá) e se "plantaram" em... bem, Beckett acabou em Paris, no boulevard St. Jacques. Se escondeu até atrás da língua francesa para escrever! (Mentirinha que eu acabei desvendando com o tempo, já que Hamm, com dois "m" e tudo significaria canastrão ou presuntão.

Clov, derivado de *clown* ou cravo, coisa que se enfia no presunto quando o assamos no forno. Lucky e Winnie e Willie e assim por diante não são exatamente nomes franceses.)

E odeio quando se referem aos Beatles, até hoje, como os quatro "ingleses", quando Lennon deixou claro que sua residência seria Nova York. Lennon e Yoko eram *new yorkers* assim como Saul Steinberg era a capa daquilo que ele desenhava: um *new yorker*! E, *against all odds*, Lennon fez do Dakota sua moradia até o fim de seus dias.

Tem que se chamar o gênio do cinema Ingmar Bergman de "o cineasta sueco Ingmar Bergman"? E tem que se chamar Picasso de espanhol? Caramba, o Picasso é, incontestável e unicamente, o Pablo Picasso (com seus 23 nomes)! Sem pátria, como o artista plástico Christo, aquele que embrulha tudo, ou Jesus Cristo, aquele que escolheu o Rio de Janeiro para abrir seus braços e — depois de uma via dolorosa — decidir que, diáspora atrás de diáspora, somos atormentados por nossas nacionalidades ou por nossos nomes. E nossos sobrenomes. Que perseguição! Será que um dia teremos a liberdade de escolher "um lugar" galileônico, ou keplerônico, em que nos deixem em paz, olhando o céu aberto, ou com mísseis passando sobre nossas cabeças — repleto (claro, como sempre, com campanhas e mentiras políticas a manipular toda e qualquer informação), digo, repleto de "tempo para pensar"?

Marcel Duchamp, um francês? Como assim? Tão francês quanto o De Kooning? Ambos *new yorkers* ou ambos do mundo, ambos de lugar nenhum como Nam Jun Paik, ou como... sei lá, como somos narcisistas em relação a possuir, eu disse: possuir um lugar, algum lugar, algum nome, um nome, nome do meio e o passado que ele traz. Olhar para trás é retrospectiva, e retrospectiva é coisa muito triste, muito depravadamente triste!

Tempo para se repensar o que significa tudo isso!

Sim, porque perdemos as estribeiras. Digo, enxergamos somente aquilo que queremos enxergar. Aquilo que nosso nariz aponta, aquilo que nossa bússola da sorte ou da oportunidade aponta. Mas sabemos que isso dura pouco e que o jogo muda rápido.

O tempo passa rápido. Muito rápido. E, de repente, já foi. E aquele "tcheco que morreu em Berlim", o Kafka, coitadinho, um dos maiores gênios da literatura, me vem à cabeça, pois teve um tempinho entre uma campanha contra o seu próprio pai e o sistema para escrever *A metamorfose,* em que o homem vira um inseto.

Este blog precisa de diversificações, se transformar em outra coisa, se transformar no inseto de Kafka ou sofrer uma gigantesca diáspora: homérica (olha, mais uma metamorfose), e é por isso que publiquei recentemente aqui Felipe Fortuna, John Hemingway, neto do próprio, o Ernest, um autoexilado *himself.* Acho que o tumulto dos últimos tempos tomou conta da minha cabeça.

Talvez seja a hora de dizer um breve e tristíssimo adeus. Triste, mas verdadeiro. Vou sentir saudades. Já disse isso muitas vezes. O teatro fecha suas cortinas todas as noites e morremos em nossos camarins todas as noites. Será que realmente existe um outro dia, um outro lugar, uma terra de ninguém? Vou procurá-la por aí...

Love,

Gerald Thomas, um *nowhere man.*

28/10/2004

Folha de S.Paulo

Cem andares abaixo do *underground*

Se você é capaz de imaginar alguém rebelde o suficiente para ser expulso do Living Theater (em suas épocas mais rebeldes, logo após o aprisionamento do grupo no Brasil, em 1970) e continuar a sua rebeldia pacífica, poética e sobreviver dela fazendo uma espécie de *stand-up comedy-tragedy act*, esse ser existe e se chama Steve Ben Israel. Seu objetivo não é fazer com que a plateia ria, mas que se comova e se veja refletida na excêntrica figura do ator e na patética era em que vivemos.

Não é à toa que seu espetáculo só fica em cartaz dois dias e acontece, literalmente, num subsolo de um teatro marginal do East Village: o Theater for the New City.

Conheço Steve desde que dirigi o Julian Beck, líder do Living Theater, em *That Time*, de Beckett, em 1985. Já nessa época tentava sobreviver desses *stand-up-acts*. Ele nos parava na rua com seu jeito exacerbado, achando que a sua falta de sucesso era culpa de todos, dos porto-riquenhos, dos católicos, dos negros, dos russos...

No espetáculo que estreou na semana passada, *Non Violent Executions*, ele finalmente chega à conclusão de que ele é o problema do mundo. "Perdão-mundo! Vou tentar melhorar!"

Aos 70 anos, com rabo de cavalo enorme e sotaque *beatnik*, Ben Israel me comove extremamente quando deixa seu ego de lado e faz filosofia com coisas cotidianas.

Holy shit! (Santa merda, uma expressão muito usada aqui nos EUA). "Quem terá sido a primeira pessoa a empregar o termo? Será que a merda teria vindo de algum... budista? Ou será que alguém viu alguma aparição pairando no ar que parecesse merda e fez a associação entre o sagrado e o excremento?"

Steve descreve muito de sua vida pessoal, e como conseguiu transformar a raiva em paz.

No último grande protesto contra a guerra e contra a convenção republicana, aqui na cidade, ele — marchando com os outros 100 mil — notou que os policiais estavam realmente *pissed off* (emputecidos), num calor infernal. Mas, pregando a paz sempre, soltou uma frase (diz ele que sem querer): *Hey, hey, why not get the police a better pay?* (Por que não dar à polícia um salário melhor?). O coro foi pegando, e os tais policiais emputecidos esboçavam um sorriso. "Viram? Fiz contato! É sempre possível fazer contato."

Mesmo tendo deixado o Living Theater, a filosofia de Julian Beck nunca o abandonou. *Non Violent Executions* nos fala da relação da criança Steve Ben Israel com a mãe, imigrante russa tendo de engolir que ele seria ator em plena era da contracultura *hippie* e *beatnik*. Fala da tortura que sofreu no Brasil, de Chico Mendes, e de como o mundo moderno lhe é hostil, de como até hoje resiste ao computador, e termina numa emocionante homenagem ao século XX.

Se o *bug* do milênio tivesse acontecido, ele teria voltado a 1914 e proposto a Joyce e outros intelectuais uma maratona pela paz mundial. Voltaria para 1929 e criaria um estatuto abolindo o dinheiro. Então enumera as datas catastróficas do século e as substitui por movimentos artísticos e políticos facilmente resolvíveis se o ser humano não tivesse esse excesso de ódio, sede de poder etc.

"Não quero que vocês saiam daqui rindo, apesar de eu me proclamar um *stand-up comic*." É, eu não saí rindo. Steve Ben Israel é o que há de *underground* sem truques de vanguarda, sem projeções, sem trilha sonora, nada. Somente ele em pé, por duas horas e uma garrafa de suco. E um texto comovente e brilhante. Um sobrevivente. Comovente.

24/09/2010
Folha de S.Paulo

Beuys fez a obra mais apaixonante da atualidade

Duchamp mudou o mundo com pouquíssimas obras e um bom manifesto.

No século XX ainda era possível pensar que a arte mudaria o mundo. O legado de Marcel Duchamp (1887-1968) é inegável e vive até hoje. O inventor do "já inventado" (*ready-made*) nos conduziu para uma arte mais fria, mais analítica: a arte da demolição dos conceitos sagrados.

No caso de Joseph Beuys (1921-1986), tem-se o cúmulo da utopia: "A Universidade Livre Internacional, o Projeto Defesa da Natureza." Se Duchamp inventou a roda de bicicleta, Beuys fez o mesmo com o vinho, cujas garrafas tinham a sigla da "Universidade Livre Internacional".

Seus "múltiplos" tornaram-se os veículos de propaganda da "Organização pela Democracia Direta por Plebiscito". Sim, há humor. A questão é onde procurá-lo.

Duchamp deu em Andy Warhol (1928-1987) e parou na Alemanha, onde se deparou com um enigma: Beuys. Beuys foi também um militar, um piloto e destruidor prático, e não somente de conceitos. Pilotou aviões da Luftwaffe até que foi abatido.

Dado como morto, acabou saindo vivo da aeronave e, caído na neve, foi enrolado em banha e feltro. Sobreviveu. Claro que a sua "assinatura" no mundo acabou sendo a banha, o feltro, tudo sempre embrulhado e com o emblema da Cruz Vermelha.

"A Revolução Somos Nós" ou "Arte=Capitalismo" (com 40 múltiplos e 20 vídeos) é a maior retrospectiva de Beuys no Brasil. São 250 obras de um artista que acumulou mais de 5.000 títulos. Mas como se julga um artista que fez parte do Terceiro Reich e, décadas depois, foi aceito e aclamado pelos EUA?

Suas *performances* como *Eu Gosto da América e a América Gosta de Mim*, de 1974, deixam clara essa relação de amor e ódio: Alemanha x EUA. Não há como não enxergar a arte pós-duchampiana como política/humorística. A arte de Beuys é tão política quanto a de Warhol.

Beuys é direto. Warhol, mais sutil. Beuys é um filósofo, pintor, escultor, antropósofo, um estudioso da história. Warhol, não. Beuys acreditava na transformação social como "A" grande obra humana, necessariamente coletiva e essencialmente plástica. Warhol, americano, era menos dogmático e disse que "todos têm direito a 15 minutos de fama".

Convenhamos: quem foi piloto da Luftwaffe tem de reinventar-se, ou "reinvent-arte". Dominador da palavra concreta (inseparável da obra de Beuys), os cartazes condensam e multiplicam a visibilidade de toda a sua criação. Aqui, nesta exposição, vemos seu "arsenal de propaganda". A complexidade de Beuys se resume em cartazes como *Conclamação à Alternativa, Beuys Luta Boxe pela Democracia Direta.*

Ou pela capa da revista *Der Spiegel*: "Joseph Beuys: o Maior de Todos", com sua cara estampada em letras enormes. O artista fica, ele mesmo, exposto ao ridículo.

"Interessa-me a distribuição de veículos físicos, porque me interessa difundir ideias que contêm a radical mudança política." Está aí um artista alemão, no melhor e no pior dos sentidos.

Não existe, na história recente, alguém cuja obra seja tão apaixonante: pode-se ficar lá dentro dela, tendo pesadelos ou sonhos lindos.

Um dia, a arte e a política se juntarão. Aliás, já se juntaram. A retórica quase circense dos chefes de Estado e a nossa descrença perante eles, finalmente, deram na "Equação Beuys".

Será que todos nós teremos que pilotar aviões, ser abatidos e cobertos por toucinho?

O futuro não dirá!

28/02/2004
Folha de S.Paulo

Filme de Mel Gibson codifica o que resta aos EUA

Eu odeio aqueles que tentam generalizar os EUA como sendo uma coisa ou outra. Geralmente tenho uma resposta na ponta da língua: "De qual América vocês estão falando? Dos ucranianos, dos sino-americanos, dos ítalo-americanos, como De Niro, Pacino, Coppola, Scorsese, Al Capone e por aí vai, ou dos judeus americanos? Ou será que vocês estão falando dos 'WASPs' (protestantes brancos anglo-saxões)? Ou falam dos hispânicos, dos porto-riquenhos ou dos cubanos que constituem a metade de Miami? Qual América, meu santo Deus?"

Então, cheguei à conclusão de que a única maneira de se definir este país é por "fatias" do momento. Este país existe quase que virtualmente, e existe obstinada e compulsivamente para um determinado assunto. Depois ele morre e pronto, foi-se, acabou. Assim fica mais fácil. Ora é O. J. Simpson, ora é Bin Laden, ora é o escândalo da Enron, acabou de ser a vez de Michael Jackson de carregar a cruz e Martha Stewart está quase chegando ao fim do seu purgatório quando, de repente, explode no horizonte uma bomba mais potente do que essas que explodem em Bagdá diariamente.

Trata-se do último filme de Mel Gibson, *A Paixão de Cristo*, que, em inglês, levou um título estranho e que soa quase como um erro:

The Passion of THE Christ, como se criado por um desses tradutores de Terceiro Mundo.

Para se ter uma ideia da dimensão da confusão, polêmica e controvérsia que esse filme — declaradamente antissemítico (não resta a menor dúvida) — está causando, basta dizer que o *Oscar*, o grande momento da vida americana, está praticamente relegado a segundo lugar. Mel Gibson conseguiu roubar a cena.

Daqui de onde moro para o ensaio no La MaMa, passo por três complexos de cinema onde estão exibindo o filme, que estreou nesta semana nos EUA. Às 8h30, já havia filas gigantescas (e quero uma ênfase enorme na palavra *gigantescas*), assim como nos bons velhos concertos de rock ou num FlaxFlu. Muita gente pernoitou (pelo que eu ouvi no canal New York One) para conseguir ingresso para a sessão do meio-dia.

Sim, este é o país dos paradoxos mesmo, especialmente a Califórnia, que tem como governador um austríaco, *The Terminator*, o nosso querido Arnie Schwarzenegger, representando valores republicanos, enquanto é casado com Maria Shriver, da família Kennedy, todos altamente democratas até o fundo da alma. Nessa mesma Califórnia em que Gibson é ídolo e homófobo (sim, ele não permitiu que nenhum *gay* integrasse sua equipe ou elenco... bem, o filme foi rodado na Itália, mas é um *release* de LaLaLand, ou seja, Hollywood). No dia em que escrevo, Rosie O'Donnell, personalidade de TV e lésbica assumida, casou-se com sua parceira em São Francisco depois de quase mil gays e lésbicas fazerem o mesmo no decorrer da semana passada.

Mas agora, ao filme. Não vou mentir e dizer que enfrentei a fila. Os meus ensaios estão puxados demais e não tenho paciência para congelar na fila. Usei das minhas influências e fui numa sala de projeção na Broadway com a 49, e assisti a quase duas horas e meia de pancadaria. Os críticos estavam certos. É porrada e mais porrada, a ponto de se ver a pele se destacar do corpo. Sim, e Gibson mantém que foram os judeus que mataram Cristo, e que os romanos nada tiveram a ver com isso. Pilatos aparece como uma pessoa ingênua e Satã é interpretado por uma mulher (mas numa inversão de papéis, pois ela pretende fazer o papel de um veado, ou seja: uma total loucura que se passa na cabeça de Gibson, que fez desse filme uma obsessão).

Não há o que descrever sobre o filme, pois quando há diálogo ele é tão mal escrito e melancólico que dá vontade de ir comprar pipoca. E quando não há diálogo, as cenas de violência são de tal forma exageradas que ou se enxerga aquilo como um *cartoon* ou se fecha os olhos. Não entendi o porquê disso tudo. Os extras italianos são sofríveis. Se Gibson quis dar uma de Pasolini, usando camponeses, se deu mal. Ah, mas Pasolini era homossexual, então, claro, Gibson jamais se inspiraria em uma figura tão blasfema.

O evento Gibson, assim como quase tudo isso que está acontecendo neste imenso país (o caso contra Michael Jackson, que não é branco nem preto, adulto nem criança, homem nem mulher), a proibição hoje do programa de rádio de um dos últimos bastiões da liberdade de expressão e vulgaridade: Howard Stern, essa pegação no pé da Martha Stewart (quando todo mundo faz o que ela fez) e a pressão que o governo Bush está sofrendo a cada soldado que morre em Bagdá e com cada declaração de Daniel Kay e Carl Ritter de que não existem armas de destruição em massa.

O que resta a este país talvez esteja escondido ou codificado no filme de Mel Gibson e na eleição de Schwarzenegger, que simbolicamente revelou que um imigrante, depois de vinte anos morando aqui, deveria poder ser presidente. A mensagem? Tendo em vista que um gosta de levar porrada e o outro é filho do Terceiro Reich...

Dá-lhe porrada, Arnie!

27/09/2006

Folha de S.Paulo

Amor de Diegues é alegoria da alma

Olhando os absurdos rumos em que o mundo moderno se encontra, até dá para entender que um repórter, crítico, resenhista ou um jovem sem muita noção de história se olhe no espelho de manhã e se veja cercado de ficção. Sim, a realidade do mundo vira ficção. Nada mais justo então do que exigir da arte e daqueles que a criam o realismo.

Seguindo esse raciocínio, o lixo tem de ser lixo de verdade, uma favela tem de ser povoada por ratos e valas abertas, e o povo que a habita tem de parecer o retrato mais fiel do Haiti ou da Ruanda que conhecemos por reportagens sensacionalistas.

Eu me pergunto como este resenhista lidaria com filmes majestosos como o mar de plástico em *La nave va* ou em *Casanova*, ambos de Fellini, o grande gênio do cinema. Ou como seriam as "duas" Carmens de Buñuel, quero dizer, as duas atrizes que alternavam o papel da cigana do magnífico cineasta, papa do surrealismo? Essa exigência do realismo é um porre, e Cacá Diegues nunca teve compromisso com ele, apesar de nos dar pequenas doses dele por livre e espontânea vontade.

O maior amor do mundo talvez venha a ser um dos maiores e melhores filmes do mundo. O que me leva a dizer isso? Talvez não seja tão simples assim explicar. Cacá Diegues é, antes de mais nada, um filósofo, um poeta, um músico, um pintor. Ah, sim, é um CINEASTA encantado e desconfiado (ao mesmo tempo) com aquilo que sempre o comoveu: a alma humana. Não, não me expresso bem. Digo, a alma humana em suas questões mais primárias e mais cruéis, frias, calculistas e... vulneráveis.

Cacá Diegues é apaixonado pela raça humana, mas nem por isso declara seu amor de uma forma vulgar. Sendo assim, seu compromisso, ou melhor, seu melhor filme, *O maior amor do mundo*, está muito mais ligado a alegorias, analogias, metáforas, metalinguagens do que ao compromisso do naturalismo, que exigem desse gênio a esta altura do campeonato. Fico pasmo, realmente.

Porque para expressar esse maior amor pelo mundo não se pode nem passar perto do realismo. Se passar, garanto, vira um seriado de TV americano, daqueles que passam à tarde aqui em Nova York.

Cacá está muito perto de García Márquez no sentido de estar alerta e conhece a sua *craft* como ninguém! Ao contrário do resto de sua obra, estamos diante de vários paradoxos, dilemas. Um deles cabe ao Wilker (o ator, não o astrofísico... o personagem — ai, como me dói usar este termo: personagem, por ser a mentirinha que é), o de se enxergar dentro desse *pool* de outros atores. Ao olhar em volta, enxerga-se num universo. Faz um autorreconhecimento e olha em volta: nota o vasto leque de interpretações e *background* sociais de onde vem essa turma enorme que o cerca.

Parte do sucesso cabe ao Cacá, de criar o clima de como encaminhar essas "culturas" e de fazer com que cada "ser" ali se enxergue como o resultado de um "produto humano" nessa bola giratória, nesse imenso universo.

Não é por acaso que seu personagem é um astrofísico. Cabe a ele a análise (ou a observação) de vários universos: o social, o cultural, e esse imenso escuro povoado por gálaxias onde, segundo Haroldo de Campos, tudo é tudo e nada é nada.

Wilker dá um show de *method acting*, no melhor estilo Lee Strasberg. Sérgio Brito parece ter se calcado no próprio Cacá de *Os herdeiros* (Sérgio Cardoso), e a meninada segue o curso normal das coisas, reagindo como se estivesse entrelaçando interpretação com representação, com uma normalidade de dar inveja a Stanislavski, ou Scorsese, ou Capra. É simplesmente mágico. E como explicá-lo sem cair em banalidades? Não existem fórmulas para fazer um filme tão belo, cruel e tão catártico!

O maior amor do mundo é sedutor, lindo de morrer, comovente como nunca. Wilker, um aristocrata, acaba atraído, assim como um "planeta negro" (*dead star*, aquela massa que acaba sendo engolida pelo buraco negro), pelo objeto de sua repulsa: a pobreza. Só que dentro da pobreza existe o encanto, os cantos de Ezra Pound, o canto do poeta, a miséria poética (sim, aquela que todo intelectual idealiza e pela qual a burguesia se culpa, tópico número um do tratado de Lênin), e o carnaval e dilúvio de *Orfeu*, obra do próprio Cacá, é prova disso.

A figura angelical da mãe morta durante o parto, assim como a sutileza de meros gestos como o embrulho de lanches feitos para venda... São coisas tão peculiares a esse contador alegórico da alma humana que quero matar aquele que lhe exija um lixo assimétrico!

Mais sobre o filme eu não quero dizer, porque ele é obrigatório, sendo o ponto mais alto na carreira do nosso mais importante cineasta vivo. Se ainda existem aqueles que acreditam — não acredito — nessa mentirinha psicótica de Hollywood de se criarem "personagens" e vivê-los até a hora de abrir o armário de casa, perdão: procurem um psicanalista.

Os maiores e melhores personagens já existem e estão ali diante das câmeras de Diegues com suas próprias vidas, loucos para dar seus depoimentos travestidos com um texto, o mais belo de todos. Iluminados, fotografados e dirigidos melhor que nunca por esse mestre, absoluto mestre do cinema universal que se chama Cacá Diegues.

13/01/2008
Folha de S.Paulo

A segunda morte de Lennon

Não existe experiência pior do que ter que escrever sobre um filme horrível que retrata um homem horrível que remete a uma data horrível: esse homem é Mark David Chapman, o assassino de John Lennon. Odeio esse tipo de "culto do mal". Não traz nada. Os *Manson kids* (filhos da extensa família artificial de Charles Manson, que matou a Sharon Tate e um enorme número de pessoas na casa de Roman Polanski) também viraram *cult*. Estão espalhados mundo afora e são morcegos covardes, imbecis trocando cartas de um baralho roubado. Chapman é um deles.

A ida ao filme *The Killing of John Lennon* (O assassinato de John Lennon) já começou estranha. Naquela própria esquina em que há duas décadas existia o Waverly Cinema (agora se chama IFC Center), na Sexta Avenida com a rua 3, no dia após a morte de John Lennon (9 de dezembro de 1980), um carro com placa de Nova Jersey encostou perto do meio-fio, desceu a janela e uma voz berrou para mim, rindo: *Are you Lennon??? So here boom boom boom!!!* Consegui ver o dedo indicador simulando um revólver, e o carro desapareceu. Tremi. A população de Nova York ainda estava de luto por causa da morte de Lennon na noite anterior.

Oito de dezembro de 1980, por uma coincidência mórbida, eu havia passado a manhã em frente ao Dakota, prédio onde moravam Lennon e Yoko. Eu dirigia um Buick Regal, ouvindo a WNEW, a 102,7, e a voz de Scott Muni veio ao ar para dizer que *John Lennon has just been shot* (Lennon acaba de ser baleado).

Parei o carro. Alguns minutos mais tarde, a voz de Muni confirmou: *Lennon is dead* (Lennon está morto). Transtornado, voltei para o Dakota. Já havia centenas de pessoas aos prantos. Estava frio e eu custava a acreditar que Lennon estivesse realmente morto. Quando Hendrix e Joplin morreram, entendi: eram as drogas, o álcool, havia uma explicação! Quando Jim Morrison ou Brian Jones morreram, mesma coisa. Mas Lennon? Tiros? Como assim? Assassinado? Como JFK? Como Luther King, Malcolm X? Bobby Kennedy? Mata-se um *beatle*?

Detesto filmes que fazem a apologia do imbecil ou assassino ou cultivam a imagem daquele que deveria — no mínimo — levar uma enorme porrada por dia! Sim, trabalhei na Anistia Internacional e digo isso sem a mínima vergonha! Esse filme não é sobre Lennon, e sim sobre um *catcher cult boy*. Um desses meninos e potenciais assassinos que leem *O apanhador no campo de centeio* (*The Catcher in the Rye*, a Bíblia dos *losers*) e sentem que podem sair "sacrificando" ou "salvando" os que estão para saltar do precipício.

Imbecis e prepotentes. O assassino é visto em seu segundo habitat, o Havaí, já que é natural da Geórgia, dirigindo seu carro amassado. Chapman começa a enxergar, paranoicamente, semelhanças — mãe confusa, egoísta, abandono de família, criação pelos avós, ou tios etc. — e uma "estonteante" revelação: a de que John seria seu "alvo". Isso depois que Chapman folheia um *coffee-table book* de fotos de John: dúzias delas, nos telhados, na cama, descabelado, sempre às gargalhadas.

Pronto. Foi acionado o "gatilho". Essas gargalhadas se tornaram "pessoais". John Lennon estaria rindo "pessoalmente" desse imbecil, desse anônimo no Havaí, a nove horas de voo daqui, de Nova York. Mark Chapman, paranoico e esquizofrênico de carteirinha (lúcido porém até o último centavo de dólar), se sente traído pelo seu ídolo e pimba! Simples, não? Simples demais. Lennon tinha tido uma vida de *beatle* e uma vida solo gloriosa. Acumulou zilhões, casas, iates, fazendas e o apartamento no Dakota. Diz Chapman em seu diário: "Isso vindo de um cara que compôs 'Imagine', que fala em *no possessions?*" Foi justo essa frase dessa música que detonou nosso anti-herói.

Pode? Sim, pelo jeito pode! Está estabelecido o conflito, não é? Pois é, antes estivesse. Não existe o tal anunciado "assassinato de John Lennon". É certo que vemos John levando o tiro. E a reconstituição da cena que vimos milhares de vezes nesses 28 anos.

Mas e daí? O que vemos na tela é *O apanhador no campo de centeio*. Uma justificativa barata e quase religiosa (Chapman levou o livro ao seu julgamento e leu passagens dele). Aparece a famosa capa da *Time* com o J.D. Salinger, aquela que o tornou o autor mais famoso e censurado do seu tempo. E tome *Apanhador*. A voz narrada do filme sai do texto do próprio Chapman, autoindulgente, medíocre, infantiloide, dizendo como "ama livros, como adora esse e aquele autor", tentando imitar o estilo do próprio Salinger, que ficou na história por ter exposto suas influências, desde Kafka e Dostoiévski até Coleridge. E Lennon? Nada de Lennon.

Esses *serial killers* (e olha que dentro do filme ainda há uma tentativa de metalinguagem) se julgam "artistas, que incrível!": o Chapman, já preso em Rikers Island, vê pela TV o presidente Reagan levando um tiro de Hinkley. "Ele fez isso por minha causa", diz Chapman ao carcereiro, com orgulho! "Agora sou realmente famoso!", conclui. Jack Abbott, aquele ex-*protégé* de Norman Mailer, também assassino e autor de *In the Belly of the Beast* (Na barriga da besta), saiu da prisão em condicional e dois dias depois matou um garçom/ator do teatro La MaMa no restaurante Binibon. Todos queriam os direitos exclusivos para filmar esse e outros absurdos.

Mailer ainda queria defender o assassino, mas recuperou seus sentidos quando metade da cidade de Nova York queria linchar o *beast himself*. Ainda bem que ninguém fez filme de nada, de ninguém, de Abbott porra nenhuma, os ânimos finalmente se acalmaram. Ainda bem que Mailer [1923-2007] está morto. Não sei por que mantêm esse Chapman vivo à custa de nossos impostos!

O que aprendemos com tudo isso? O que deveríamos aprender? Como funciona a mente doentia de um psicopata? Michel Foucault tem um livro, *Eu, Pierre Rivière, que degolei minha mãe, minha irmã e meu irmão*, que busca entender essas mentes.

Existem livros e mais livros sobre *serial killers, solitary killers* e *serial rapists*, e sobre assassinos, psicopatas e esses meninos como os de Columbine, e nada disso jamais servirá para nada, a não ser como objeto de masturbação para acadêmicos!

Esse filme não me levou de volta àquela data horrível, o 8 de dezembro de 1980. Mas ter pisado no antigo Waverly Cinema fez isso. Pisei numa outra era, junto com uns três ou quatro gatos pingados. Todos devem ter se perguntado: "Por que essa merda foi filmada?", certos de que iríamos ver mais John Lennon e o interior da mente do assassino, a real motivação do crime, e ter um *insight* sobre esse imbecil. Mas, infelizmente, isso ficou somente numa remota esperança. Assim como ficou uma remota esperança para J.D. Salinger virar um imortal.

10/12/2006

Dos ensaios da peça até Tom Zé e o Plaza Hotel

Nova York. Devo estar mal da cabeça mesmo para estar escrevendo coluna tendo uma estreia (*Earth in Trance*) daqui a quatro dias no La MaMa. Hoje foi o primeiro ensaio técnico, aos trancos e barrancos. Todos com as mãos na cabeça, pedindo aspirina, revólver, veneno de rato, Alka Seltzer, tendo diarreia, justamente assim como deveria ser! Tudo certo. Há 25 anos é assim e ainda não me acostumei.

Então, como não aguento mais essa "atmosfera", resolvi sair do East Village, onde até a Tower Records está fechando suas portas para sempre, *going out of business*. Quem diria, já morei lá, na frente dela, da Tower, na Broadway com a rua 4! Em questão de semanas essa "instituição" não existirá mais. Foi engolida pela Virgin na Union Square. Enfim, resolvi sair desse antro e dar um pulo *uptown*, andar um pouco no Central Park, já que está geladérrimo e eu queria saber se a gringada toda — mesmo com o gelo no ar — ainda assim estaria em pleno frenesi da loucura das compras pré-natalinas. Nada consegue parar o capitalismo! Nem o mundo aos pedaços, a situação no Iraque, na África, neste planeta em geral: o negócio é comprar! O trânsito de pedestres na esquina da 57 com a Quinta Avenida estava pior que impossível. Só mesmo empurrando as pessoas com espetos. E me dizem que a economia está péssima. Onde? Ouvi todas as línguas: todas as nacionalidades com 11 braços segurando bolsas lotadas de sacos de compras.

Dois quarteirões acima meu coração dá uma parada quando vejo que o Plaza Hotel também não existe mais. Caramba, o Plaza! Vai virar um prédio de suítes compráveis a partir de US$ 1,5 milhão (no primeiro andar: o preço sobe de acordo com o andar). Gente! O Plaza faz parte da dramaturgia da cidade. Várias peças de Neil Simon se passam lá (filmes também, como *Plaza Suites*, com Walther Matthau), e eu mesmo ia encontrar meu tio rico, Peter Kent (dono de loja de casaco de peles), que aos domingos ia comer o seu *brunch* ali, debaixo das palmeiras na mesa vizinha de uma tal "rainha da Romênia", cujo chapéu era maior do que o restaurante inteiro. Bah! Ele tinha vergonha de seu sobrinho pobre e *hippie* e fazia de tudo para que eu não aparecesse lá. Mas eu ia, nem que fosse para ele marcar comigo no McDonald's no dia seguinte. Eu era um adolescente faminto em NY e não iria recusar nenhuma refeição. Esses *snobs*!

Depois de tanto estresse, depois de tanta pressão, de passar e repassar a peça, as partes técnicas, e sentir saudades da minha equipe brasileira, resolvi assistir ao DVD do filme *Fabricando Tom Zé*, que me levou aos prantos. O homem é um gigante. O maior de todos. Em todos os sentidos. Quem sou eu para ficar reclamando da vida quando observo a dele? Quem sou eu para ficar reclamando da vida quando olho para o mundo e vejo tanta miséria e violência e tanta hipocrisia? Quem sou eu?

Mas quero falar de Tom Zé, o maior de todos porque ainda tem vida, fala e se expressa com vida! Seus olhos abrem de verdade e o que sai da sua boca não é *blasé*, não é hipócrita. Quando berra, berra. Quando ri, gargalha, apesar de ter penado por quase duas décadas no ostracismo. E nós? Temos o direito de ter autopiedade por não termos o refletor que queremos? Ora, que inferno!

Tom Zé é muito mais que músico ou poeta. É mais que uma ou duas ou três vidas. Esse Pablo Picasso da música, o Jackson Pollock do violão, com sua musa Neusa, prova aquilo que eu mesmo ainda não consegui aprender (apesar das várias influências importantes que tive): que estar dentro da "patota" sempre será mais confortável — por ora.

Mas a arte que a "patota" financia, para garantir a hegemonia dos grandes lordes do pedaço, são produtos de extrema mediocridade. Parabéns, Tom Zé, por ter se perdido por aí. O mundo te achou e hoje você é divino.

Quanto aos Plazas e Towers, os dois outros monumentos, bem... alguém, algum dia, haverá de explicar esse fenômeno.

12/09/2010

Larry King Live, não mais *alive*, mas quase morto

Londres. "*Antes de começar o programa de hoje, eu quero dividir com vocês uma notícia pessoal. Há 25 anos, eu sentava nessa mesa entrevistando o governador de Nova York, Mario Cuomo, e esse seria a primeira edição de* Larry King Live. *Agora, décadas depois, eu conversei com o pessoal da CNN e disse para eles que eu gostaria de dar um fim ao programa diário e noturno. Eles graciosamente aceitaram a minha proposta e assim eu vou poder me dedicar a minha esposa e estar mais presente na* little league *de baseball dos meus filhos pequenos.*"

Foi com as palavras acima que o Rei dos Reis (*the King of Kings*) começou o processo de despedida de suas apresentações diárias do programa cult e culto do agora imortal *Larry King Live*. Começando num pequeno estúdio de vidro da CNN no World Trade Center (nossa, escrevo isso UM dia após o 11 de setembro!), se mudando em seguida para Washington e, ultimamente, em Los Angeles, o Sr. Larry (77 anos) me parece realmente cansado e com baixíssimo ibope. Aliás, a CNN está com baixíssimo ibope.

Larry King para mim era como uma voz paterna. Mesmo! Aquela voz de pai que te deixa numa paz incrível depois de uma hora de conversa. Noite após noite (não importa em que país eu estivesse morando ou ensaiando) eu podia contar com a sua presença, com suas obsessões (celebridades, crimes, sátiras e "o" poder), e ficava sabendo sobre o que acontecera no mundo inteiro por meio de sua mera introdução.

Sim, King nos levava aos advogados diretamente envolvidos com as provas de DNA no caso de O. J. Simpson, como Johny Cochran, assim como nos levava até a mansão de um Marlon Brando inflado, gordo, que o beijou na boca no final, depois de cantarem juntos e emocionarem meio mundo, quebrando todas as regras daquilo que um programa de entrevistas deveria ser.

Mas King nos apresentava a presidentes também. E a mulheres de presidentes, especialmente Nancy Reagan, de quem é amigo pessoal. Larry King é um sujeito curioso. Nem todos os televisivos o são. Barbara Walters e Mike Wallace não têm sal ou açúcar. São meramente eficientes! King consegue ser o "muro dos muros", ninguém consegue defini-lo.

Mas King também é justo e nos dava horas e horas de críticos e analistas do poder como Bob Woodward ou Michael Moore, até o comediante Don Rickles e o multitalentoso Bill Maher. Ou os primeiros-ministros estrangeiros e "presidentes ocultos", escondidos em buracos no Iraque. Todo mundo se confessava diante dele.

Ao contrário de David Letterman ou Jay Leno, King tem escuta. E escuta mesmo! Seu interesse pelo mundo e pelas pessoas é incansável. E agora? Vai acabar?

E vamos ter que aguentar Piers Morgan? Aquele inglês chatíssimo do *America's Got Talent*? Nossa! Como vou continuar vivendo? Talvez eu deva me casar com Ozzie Osbourne e dar o meu total adeus à sanidade mental de uma vez por todas.

Quando Johnny Carson se despediu do *Tonight Show* há (não sei ao certo) uma década e meia e morreu na escuridão do esquecimento do público, o programa perdeu seu sangue, suas veias e artérias. Substituir seu legado vai ser uma tarefa quase impossível.

Tom Brokaw, Dan Rather e Ted Koppel também se despediram. Peter Jennings morreu. Esses quatro eram nossos âncoras do noticiário noturno e "objetivo" das três redes americanas, NBC, CBS e ABC, respectivamente. Mas, no caso deles, podemos conviver com seus substitutos.

No passado não houve ninguém que substituísse a "voz da verdade" de Walter Cronkite, quando ele narrava a aterrissagem do homem na Lua ou, aos prantos, descrevia, ao vivo, o assassinato de J. F. Kennedy.

Ao contrário de Cronkite, Larry King não afirma nada e não tem "agenda". Frases famosas como "É fácil entrar numa guerra. Difícil é sair dela" — Cronkite, se referindo ao Vietnã. Ambos honram as tropas americanas em combate, seus mortos e os veteranos que voltam mutilados, mas questionam sempre a guerra em si.

Não me pareceu jamais que Larry King quisesse entrar para a história como um intelectual ou cunhador de pensamentos profundos. E está aí — justamente aí — a beleza da sua (aparente) falta de ego. Suspensórios. Esses sim, têm um enorme ego e orgulho e criaram um estilo copiado mundo afora.

Judeuzão, de Brooklyn, NY, King começou sua vida como radialista em Miami e sua vida levou um "pontapé" para diante quando, do nada, sem motivo aparente, Frank Sinatra apareceu na sua rádio há mais de 50 anos.

E foi no programa *Larry King Live*, na CNN, que vimos Sinatra pela última vez.

Muitos se despedem da vida ou da profissão em seu programa, como foi o caso do megacomediante George Carlin. Muitas vezes, o público gruda os olhos na televisão porque King entra em detalhes do "tecido americano", ou seja, da Constituição, dos "Founding Fathers" da América, quando entrevista juízes da Suprema Corte ou quando eventos horrendos, como o massacre de Columbine, merecem noite após noite de atenção.

King também dá voz a Michael Moore e outros críticos da sociedade americana como um todo. Por exemplo: foi ele quem nos revelou que um mero empregado de O. J. Simpson — um louro burro chamado Kato Kaelin — era mais conhecido pela população do que o vice-presidente (na época do julgamento, 1994, seria Al Gore, também um constante no programa).

Na televisão do "mundo" ninguém é justo, poucos têm escrúpulos e a maioria é fabricada por agências da Madison Avenue.

O que distingue Larry King de todos os outros (com a exceção de Letterman) é que diante de um Jerry Seinfeld se despedindo (também através de seu programa) ou um carrancudo Jerry Lewis (tentando explicar que ele, Lewis, inventou a comédia — insanamente se esquecendo de Chaplin, Keaton, Jacques Tati e tantos outros), merecem o que acabou sendo chamado de *King's shoulder*, ou seja, o "ombro do Rei". Depois de um longo discurso a respeito da genialidade do convidado (feito por ele mesmo), King não olha mais para o entrevistado, chama o intervalo comercial e volta com um PABX recheado com perguntas do público, geralmente agressivas.

"Se Deus tivesse marcado uma entrevista conosco e o O. J. Simpson aceitasse vir aqui para ser questionado, provavelmente pediríamos a Deus que voltasse outro dia", King diz rindo.

Irreverente, simpático, antipático, envolvido, rasteiro, grosso e ingênuo, gênio e dono de um *timing* absolutamente invejável, Larry King se despede do mundo com a pior das desculpas: "Preciso de mais tempo com minha família" (depois de 7 casamentos). Sem bandas tocando, sem adereço algum além da mesa e umas cadeiras, ficaremos todos órfãos com sua ausência.

Eu? Ficarei órfão mais uma vez. Já perdi toda a minha família e agora vou perder o representante e o embaixador da figura paterna.

Good Bye, Mr. King. My King. God save the King.

17/04/2010
Folha de S.Paulo

Paga-se um preço ao criar e paga-se outro por imitar

Existe um momento quando o teu passado te bate na cara, atropela seus rins e fígados e te deixa em estado de êxtase e dor. Eu estava aqui em Londres, quando me chega o livro de Sílvia Fernandes, *Teatralidades Contemporâneas*.

Trata-se de uma obra densa e compreende muita informação sobre a atualidade (ou não atualidade) do teatro mundial explorando as variantes sobre a vida no palco dessas últimas três décadas. Esse livro foi escrito ao longo de dez anos.

A introdução do livro me menciona de forma incrivelmente simpática. Sempre me senti um ponto de entrada, mas entendo que agora eu seja um ponto de partida. É a vida!

Mas a Sílvia não comete o engano que tantos acadêmicos cometem quando "classificam" uma arte qualquer ou fazem uma *melange* de todas as artes. Sílvia Fernandes toma partido. É uma crítica durona e isso é maravilhoso. Somos muitos nesse livro, ou melhor: somos "todos". Mas somos, apesar de seres originais, personagens também.

Com exceção de um ou outro, que Sílvia aponta como "o pastiche de todos" ou o imitador sem caráter, somos os personagens ativos numa longa jornada teatral dantesca, brutal, darwiniana, em que a sobrevivência não é a do mais forte, mas do mais persistente.

Falo e escrevo na primeira pessoa. O que seria um diretor sem caráter? Em inglês, esse duplo sentido até que chega a ser engraçado. *Character* significa "personagem" e o teatro é feito deles. E Sílvia deixa claro quem começou, quem imitou, quem se limitou, quem segue ou quem persegue os verdadeiros *characters*.

Agora, tendo me despedido do teatro através de um artigo no velho blog, mas que está como manifesto no novo, vejo minha vida teatral e operística com enorme saudades, mas com uma tremenda resolução: sou um "ponto zero", um ponto falho, se deixei falhas enormes para trás. Qual ponto falho?

O teatro é uma arte para poucos. Ele sempre existirá, porque o ego de quem se exibe nos palcos sempre estará maior. Esse ego quer explodir, quer se mostrar, quer berrar e ser "tocado" pelo público. Mas o problema é que não estão dizendo nada. Nada que interesse. Então, temos egos vazios, cantando aberrações em tonalidades de cores que se confundem com aquilo que era uma pintura original da época em que se tinha algo a dizer.

Me diverti com o texto do crítico de teatro da *Folha*, Luiz Fernando Ramos, sobre um espetáculo: Fulano de tal *se revela sem rumo nem estilo, como se fosse mais importante soar genial do que servir à obra. Essa fraqueza fica explícita nos três momentos em que as luzes da suposta sala de cinema se acendem. No mais provocativo, quando os atores permanecem olhando o público em silêncio por minutos, repete-se gesto de Gerald Thomas de 20 anos atrás, com menos brilho e mais afetação.*

A tal peça queria ser uma bofetada no gosto do público. Consegue ser chata, apesar de desempenhos vigorosos dos intérpretes, da linda iluminação e do cenário funcional de Daniela Thomas.

Por que me divirto? Porque Ramos se refere ao meu espetáculo *M.O.R.T.E.* (1990) e porque em *Teatralidades contemporâneas* o mesmo sujeito é descrito como meu "fiel seguidor". Onde termina a homenagem e começa o plágio? Ou quando tudo vira caso de polícia?

O que acontece? Falta cultura a essa "falta de cultura"? Sim, pelo que Sílvia aponta existe uma enorme originalidade no teatro das últimas décadas. Se isso não resume a crise e a falta de escrúpulos em que vivemos, o que mais posso dizer? Uma "nação teatral" conquista sua história com independência, sangue e formula sua própria "constituição" através de uma, duas, três ou mais revoluções.

"MUDAR O MUNDO" (palavras sábias de Julian Beck). Tudo isso tem um preço. Um preço alto e, por isso, o teatro não está mais "mudando o mundo". Paga-se um preço ao criar, paga-se outro por imitar.

O "teatro-supermercado" de *gadgets* de que precisamos para viver é algo chato e sem pensamentos a respeito de si. O teatro não se repensa há tempos. A arte que repete ou imita é retórica, mas não tem opinião!

É a morte, a minha *M.O.R.T.E.*, que significa: "Movimentos Obsessivos e Redundantes para Tanta Estética". Poucos, nesses 30 anos de teatro revisitados por Sílvia, são pensadores originais da arte. O resto obceca em torno de uma estética velha.

Não sei se devo ou não agradecer por essa desgraça.

17/06/2007

Fofocas, focas e repórteres sérios e amigos antigos

Nova York. Enquanto o planeta Terra fica cada vez mais quente, as pessoas ficam cada vez mais frias. Se cito algum filósofo? Não. Vim no voo pensando isso mesmo, pensando no tratamento entre as pessoas na montagem de *Luartrovado*, em como essa "mega" montagem não teve, sequer, um jantar de despedida — já que reuniu tanta gente de *walks of life* tão diversos. Nada. Nem um adeus.

Muitas coisas são indispensáveis, e, no entanto, a sociedade continua funcionando do mesmo jeito. Calor humano? Talvez essa seja uma demanda antiga, coalhada de nostalgias de dados históricos que acabaram em histeria. Pode ser que a frieza ou o *blasé* tenham vindo com força total para mandar o behaviourismo à merda e ejetar o existencialismo, assim como James Bond ejeta, com cinismo, alguém do assento ao lado em seu Aston Martin Laconda. Mas no dia a dia ainda lidamos com pessoas, e pessoas são poéticas (não tão poéticas como "o" Pessoa).

Sei que a poesia é indispensável, mas não sei para quê.
Jean Cocteau

Pois é, também não. Estendo a afirmação ou dúvida de Cocteau a todas as outras artes.

Ontem, aqui na rua 23, entrei numa loja da T-Mobile para trocar de celular e entendi que, assim como a *Marilyn* de Warhol, ou os ninhos de Oiticica, a grande obra de arte hoje é aquela em que o sujeito ou vê o ícone desmoronado através da massificação (coisa da década de 60) ou da manipulação (coisa da década de 70).

Art is dead, dizia uma pixação num muro da High Holborn, via principal que divide Covent Garden do distrito dos jornais e judiciais (London School of Economics, a BBC Internacional) e a Fleet Street com a Old Bailey, onde está o mais alto tribunal do Reino Unido.

Art is dead é uma ova. Duchamp, o Marcel, já havia declarado isso no início do século passado e, no entanto, com essa máxima, renovou a arte. Não há nada mais lindo do que *The Large Glass* ou *A máquina de moer chocolate* e a roda de bicicleta achada por acaso jogada, arrasada, traída, assim como se fosse lixo, no Bowery.

> Talvez hoje em dia o objetivo não seja descobrir quem somos, mas sim recusar aquilo que somos.
> MICHEL FOUCAULT

Chego do Brasil mais uma vez exausto e boto os pés em casa. *Luartrovado* foi montado em (querem saber?) quatro dias, para ser exato. Muita gente não gostou disso e muita gente amou de tal forma como nunca havia amado nada antes. A pergunta fica: para que gastar semanas e semanas ensaiando se — no próprio sábado da estreia, com uma boa voz de comando, e humor zero da orquestra de Porto Alegre, que não entendeu quando eu falei que eles estavam tocando Wagner muito mal (sobre a partitura de Schoenberg) — a coisa rola?

O mundo hoje se resume mesmo à frieza de uma vitrine de uma loja de celulares, *blackberries*, tudo para que possamos receber e falar com pessoas à distância. O sexo é protegido por uma camada de látex e ninguém, a não ser uma mínima elite mínima, se interessa por notícia. Toda a imprensa está se tabloidizando.

Bete Coelho me liga na sala de embarque dessa companhia que diz que tem orgulho de ser brasileira, mas em um ano ainda não conseguiu mandar meu cartão e contabilizar minhas milhas, e superfaturaram uma viagem no ano passado, e tchau dinheiro: não adianta discutir. Enfim, minutos antes do embarque, a Bete me liga gargalhando, dizendo que tinha ouvido falar que eu "mandei a Mônica Bergamo à merda" quando passei — justamente — horas no Santos Dumont no dia anterior esperando a ponte aérea, ligando para a coluna, para agradecer a ela as lindas fotos que deu na edição de terça, com Tom Zé, Elke, Deize e eu.

De onde surge essa porcaria? Quem lucra com isso?

Mas nem tudo está perdido: Nelson de Sá foi um emocionante e belo reencontro. Emocionante mesmo, porque temos uma história de brigas e paz e mais brigas, mas muito carinho.

E se consegui chegar ao fim dessa coluna, num sábado à noite, pifado do jeito que estou, estourado, preocupado com esse Bushhhhhhh e com a impunidade desses eternos corruptos políticos brasileiros (que vão desde a vendinha da esquina até Brasília), é porque a Dra. Paloma Franceschi conseguiu me dar o ânimo (a alma) novamente.

Agora resta consultar o Oswald não sobre a antropofagia, mas sobre a autofagia: qual o último homem que restará de pé no Oriente Médio? Alguém do Hamas, do Fatah ou do Hezbollah?

15/02/2007

Essa porra bate, metra, corre, mas o tempo simplesmente murcha tudo

Caramba! O avião que me trazia de Londres quase não conseguia descer aqui em NY de tão catastrófica que estava a tempestade de neve. Ainda hoje o homem não sabe lidar com o tempo. Essa frase tem duplo sentido. Mas na medida em que a nossa única promessa na vida não é a felicidade e sim a morte, o tempo é o nosso único metrônomo.

E hoje à noite, quarta, embarco para o Brasil. Fazer o quê? Montar mais um espetáculo. Um novo espetáculo. Juro que não conheço na história do teatro contemporâneo um dramaturgo que tenha escrito, dirigido, iluminado e o escambau seis novos, *brand new*, espetáculos num período de menos de dois anos.

Todos querem o novo, o inédito. Não os culpo. O velho ficou velho em menos de meses. O tempo, esse mesmo metrônomo que nos deixa rugas a cada dia, ficou a cada dia mais curto. E tudo fica chato em questão de segundos. Celebridades hoje não são mais as pessoas talentosas. Celebridades hoje são as Paris Hiltons, os Donald Trumps e essa pobre coitada e debiloide da Anna Nicole Smith, que foi encontrada morta na Flórida: na geladeira de seu hotel, metadona e outras coisas, ilegais e legais, e uma longa lista de mistérios sobre a paternidade da sua filha e a morte do seu filho em setembro passado.

As artes? Somos poucos. E poucos os interessados. Estamos em plena época do gelo, literalmente. Minha descrença é enorme. Mas giro o mundo e ouço as pessoas e leio avidamente os jornais e vejo o cinismo dos editores e percebo a curta memória do público e nada prova nada e nada mais interessa mais a ninguém.

E lá se vai uma longa lista de espetáculos que ficaram na história. A quem pertence? Ao domínio público? Quem vai acessar? Quem se interessa?

Se na minha adolescência eu ainda tinha algum espírito combativo de ir para as ruas de Londres protestar contra o avião Concorde pelas vibrações que emitia, se lia avidamente o *Blueprint for Survival* ou se dedicava horas e horas do meu dia à Anistia Internacional em causa dos presos políticos brasileiros, já naquela época falava-se no efeito estufa. Hoje estamos bem dentro dele.

Pior que isso é a violência no mundo, ou melhor: a violência dentro de nós mesmos. Talvez a gente esteja chegando a um *breaking point*. Digo isso por causa da falta de interesse de todos por tudo. Ideologia, digo. E justamente por isso, esse tempo, esse metrônomo que nos matará, mais cedo ou mais tarde, está sendo adiantado sadicamente por alguns — em algumas partes do mundo.

Isso porque o bater do metrônomo é simplesmente insuportável.

PS: o avião que me trouxe (já escrevendo de São Paulo) ficou SEIS horas sentado na pista do aeroporto JFK porque somente UMA máquina de desgelar as asas funcionava!

12/03/2009

Mulher não brinca de foguetinho!

Nova York. Ontem de madrugada, conversando com Gustavo Ariani (pelo *skype*), falamos de tudo, como sempre falamos. Com a câmera do MacBook ligada eu fazia um *tour* pelo apartamento e ele tocava, no violão, uma lindíssima peça de Villa-Lobos. Mas falávamos das nossas intensas indignações também, já que ele dirige a CAL no Rio. A CAL é uma escola de artes dramáticas. E, depois de uma hora de conversa, chegamos aonde sempre chegamos: aos risos, aos choros, às náuseas habituais, até ao caso David Goldman (que chegou ao Rio ontem), e, como sempre, tecemos longas teorias sobre por que o mundo está como está.

Não, querido leitor. Não irei entrar em detalhes. O caso do David e Sean Goldman está *all over* nesse blog, e já viramos um instrumento de defesa em sua causa.

Agora, o escândalo é mesmo esse filho da puta do Bernard Madoff. Mas se a desconstrução do nome já não diz tudo: MAD OFF, ou se seguirmos a pronúncia "Made Off" (*with the money*, correu com a grana), então não sei se o diabólico e a cólica não se misturam numa liquidificação da parabólica!

Ah, claro! A minha Ellen Stewart (antes que todos perguntem) está de volta ao hospital, em estado anticrítico/supercrítico, para não falar em anti-Édipo, entubada e embutida, mas dando um sorriso que faz o pavilhão inteiro do oitavo andar passar lá para pegar carona no seu carisma.

Gustavo, indignado, dizia: "Que loucura essa coisa da economia mundial, colapsou!" E eu já o interrompia: "Gustavo, pelo amor de Deus, pare com economia. Ninguém aqui fala em outra coisa!" Eu chego ao cúmulo masoquista de ver o *Countdown*, programa do Keith Olberman, além de todos os outros, para me certificar *again and again* que o Dow Jones parece mesmo aquele filme pornô da década de 60, *The Devil in Miss Jones*, PÉSSIMO!

Nós, os homens, temos a capacidade de estragar tudo. Olha esse crápula do MAD OFF. Não são mais 50 BILHÕES de dólares. Agora parece que são 65 BILHÕES. Quem sabe, amanhã ouviremos que serão 100 BILHÕES ou até mais? É o caso mais comentado entre amigos, em cafés ou *pâtisseries* pela cidade. Sim, os homens têm uma capacidade impressionante de se destruir e de conseguir destruir o outro assim... digo, assim, sem mais nem menos: é algo... o quê? Vem de onde? Não, não sou o Clausewitz nem o Paul Virilio nem um *expert* nessas coisas. Mas uma frase me fica na cabeça e não sei de onde veio:

— Estou tentando me comunicar com você. Você não me ouve? Hein? Hey, hey, você mesmo! É com você que estou falando. Não consegue me ouvir? Que pena! Estou bem atrás de você, quase encostando na sua nuca, no seu ombro, e você não nota a minha presença.

Lembro muito de Haroldo de Campos em muitas horas do meu dia.

Em Miami, na semana retrasada, com o Walter Greulach, conversávamos muito sobre os fantásticos escritores argentinos, dos quais ele faz parte. Não sei por que mencionei o Haroldo. Ah, sim, porque além da sua meta isso e aquilo e paixão por Joyce e Pound e tudo, era um INDIGNADO! Mas destruía e desconstruía também as línguas que falamos e digitamos, e isso é fantástico por... Por quê? Porque somos prisioneiros delas! Deles! Dos idiomas.

Sim, nos destruímos e partimos para a briga. Um xinga o outro. Olhem os comentários nesse blog. Mas o Gustavo (num tom de briga e depois de dedilhar lindamente um Villa-Lobos no violão) contrafobicamente me retrucou: "Mas não é somente isso, não, meu irmão! se não fôssemos nós, os homens, não teríamos a parte boa da vida."

Como assim, Gustavo, parte boa da vida?

"Sim, não teríamos avanços incríveis na tecnologia, na medicina, na engenharia e na arquitetura e na filosofia e foi você mesmo que disse na tua peça *Kepler the Dog:* não tem mulher compositora clássica. E, quer saber? O homem não teria ido à lua porque mulher não brinca de foguetinho!"

Bem, diante disso tivemos ambos uma crise de riso. É, Stálin, Hitler, Napoleão, Franco, os faraós, as dinastias, os imperadores, os Kaisers, sim, até Ghandi e suas sandálias eram masculinos. Judith Malina escreve sobre Erwin Piscator (um dos maiores gênios do teatro do século XX), penso: brincamos do que brincamos porque, até certo ponto, aceitamos que a vida é um risco. RISCO! Sem ela não teríamos a dialética ou esse balanço sobre o qual está baseado o sistema econômico! Bah! e viva!

As mulheres nos colocam aqui. Nos preservam de tanta besteira que fazemos. Ao mesmo tempo nos excitam e incentivam. Às vezes, passamos para o outro lado e ficamos SÓS, digo, S.O.S.

Não há certo nem errado, não é? Grande besteira quem disse isso. Óbvio que há. Existe o Meu e o Teu certo e errado e puxamos o gatilho em nome dele! Sartre sacaneou Humbold (só um exemplo), mas nós, os supostos brincalhões da história, somos os predadores, os vomitadores que falham e falham sempre.

Talvez a resposta esteja não exatamente na promessa, mas na expectativa, e Madoff era a expectativa de TANTOS em enriquecer trocando dinheiro por... mais dinheiro.

Ah, sim, porque somos sempre acusados disso e daquilo: os próprios leitores do blog dizem: "Você não sabe nada sobre a realidade brasileira e fica aí vendo a vista do East River." Minha resposta está num dos comentários: a *Vejinha Rio* estreou seu número 1 com *A vanguarda sobe o morro*: passei três dias na Rocinha e de lá não saí mais. Os carnavais subsequentes que construí com eles foram... (bem, isso é para outra coluna) e as minhas subidas à Mangueira ainda quando menino, com o Hélio Oiticica... ah, o Cartola lá em cima... ah... não, não vivo de nostalgia porque eu brinco de foguetinho e a vida é um risco. E só por isso vale a pena.

Tenham um ótimo fim de semana!

O Lula vai ter: afinal, estará nos Estados Unidos da América e deve me ligar. Será que irei atender?

Gerald Thomas

PS. URGENTE: Enquanto eu escrevia a coluna, o desgraçado Madoff estava sendo algemado e levado para a prisão! Esse homem brincou demais com o seu foguetinho e seu esquema furado (*Ponzi scheme* é como se chama esse tipo de malandragem aqui), agora teve um final (in)feliz, depois que alguns se suicidaram e os BILHÕES continuam DESAPARECIDOS.

Vem cá: o homem está pra lá dos 70 anos. Se pegar três penas consecutivas de cinquenta anos, mesmo com todo o açaí e todos os antioxidantes como CQ-10, *green tea* ou Madoffberry que existem no mercado orgânico... o que vai acontecer? Ele morre de ataque cardíaco em três anos e? E?

20/03/2007

Estamos nos castigando

Rio. Caramba! Parece que saí de dois *tsunamis* ao mesmo tempo. A estreia maravilhosa dos espetáculos aqui no espaço Oi Futuro, onde fiz uma apresentação no domingo com a minha ex-sogra, a Fernanda Montenegro, na plateia. Foi um dos momentos mais comoventes nessas três décadas de carreira! Afinal, esse espetáculo só aconteceu por causa de um e-mail que ela me mandou após a morte da minha mãe: "Transforme a sua angústia em criatividade e cante ela." Trocamos emoções com a plateia presente.

O outro evento devastador parece ter sido a minha coluna da semana passada aqui neste espaço. Nem tanto visava detratar São Paulo, mas reforçar aquilo que o Rio de Janeiro tinha de bom, de original. Gente! Que loucura! Quase que a caixa postal da America Online explodiu, o blog também e o "fale conosco" do próprio direto da redação pediu arrego.

Chega disso.

Estamos em março de 2007. Há quatro anos eu estava em Londres marchando junto com um milhão de pessoas em direção ao Hyde Park, numa manifestação que tinha como utopia uma possível não invasão do Iraque pelos EUA e a Grã-Bretanha. Éramos tantos e tão pacíficos, quase não se ouvia ruído algum, mesmo no momento em que a passeata desceu a Charing Cross Road e atravessou Trafalgar Square para entrar em Whitehall e passar na frente do número 10 da Downing Street. Mal sabíamos que lá dentro Blair e Alistair Campbell estavam forjando um documento que facilitaria ao parlamento britânico dar o O.K. para a invasão.

E hoje? É isso que você me pergunta? E hoje? Como sair dessa fria? Como Walter Cronkite continua sabiamente dizendo, "entrar numa Guerra é a coisa mais fácil do mundo. Sair dela é a mais difícil".

Com os espetáculos em cartaz, esse breve retorno ao Rio está sendo de certa forma comovente. Bagdá pode ser o umbigo do mundo no que diz respeito ao foco da tensão política mundial (é a guerra quente e fria ao mesmo tempo, caso os democratas consigam realmente uma diminuição de tropas americanas por lá). Não há solução. Mas não há solução entre seres humanos enquanto houver "lobbismo", "lucrismo", fraudes, pilantragem, tranformando a morte em dinheiro, ou enquanto houver supostos deuses de mentira para atrapalhar com seus extremistas, para metralhar aqueles cujos espelhos não refletem suas virgens ou seus santos divinos ou seus santos sepulcros. Santa sacanagem!

Depois de uma estreia eufórica (um parto), estou, evidentemente, em depressão. Com a TV ligada na CNN e tentando colocar os pés no chão aos poucos, me lembro que o mundo não é um palco achatado que tem uma rotunda preta como fundo, e que a luz não se limita a refletores ligados a *dimmers* e *racks*, e que existe sim um sol de verdade. Só que mesmo de verdade esse sol está nos castigando. Fora o clima anormal nos dias de hoje, transformando as cidades do mundo em parques temáticos, esse sol está nos derretendo. Nossa cultura está derretendo.

Nós estamos nos castigando. "Efeito Al Gore", como se brinca em NY. Nada disso. Defeito incorrigível em nosso DNA. De tempos em tempos, nós temos que nos destruir.

10/12/2008

O Homem Isca

Escrevo às 4 da manhã. Exausto de um dia de ensaio puxado, repetitivo, às vezes frustrante, discussões técnicas, entrevistas, conversas com a equipe e o *skype* tocando... me encontro entre um ponto FINAL e outro, o de interrogação, assim como o personagem de *Bate Man*, ou *Bait Man* (*Homem Isca*) que estreia em alguns dias.

Muito estranho como nós acabamos sempre no mesmo buraco que os textos que geramos para teatro. Ou será que é justamente o contrário? Pouco importa. A essa hora da madrugada, lutando para conseguir algumas horas de sono e começar a nova batalha, me pergunto: por que batalho, me "entrego" ou me confesso através da última fala do ator num palco de terra, caixas de vinho pelo chão, Bordeaux 1933 e Barolo 1945?

Tudo detonado. Nada mais no palco a não ser uma isca, de onde ele estava pendurado no início do espetáculo, sendo espancado pela sua própria culpa ou incoerência por estar vivendo e vivenciando o susto de ter nas mãos garrafas de vinho com datas tão significativas e, no entanto, contendo sangue humano.

Assim estou agora. Sentado num quarto de hotel, comendo pudim de leite e berrando para o mundo o que o meu *Bait Man* fala depois que cai num desfile de modas absurdo nos dias de CRASH ECONÔMICO, onde a imagem do EU vai ficar suspensa por um tempo ou entrará num surto psicótico.

Depois de torturado, ou de se deixar torturar, pela nona vez num curto espaço de tempo, *Bait Man*, ensanguentado, encharcado de suor e vinho e terra, encara o público:

— "Proteção! Que proteção, porra nenhuma! Isso é o ESTADO entrando em nossas vidas como ESTUPRO! Não, não! Me recuso. Vou para a batalha com um Bordeaux na mão, divino como um ser humano divino, ou com um Barollo contendo sangue humano, porque assim nós somos! Assim sempre fomos."

Nossa!

Meu desejo é o de atacar, entendem?

Por isso mesmo DEVOREI 4 milhões de metros cúbicos de CONCRETO. É, está tudo aqui dentro. Tudo!

E-N-G-O-L-I-D-O, entenderam? Esse concreto todo!

Aqui dentro. Junto com esse vinho humano.

Uma delícia!

Delícia! Poesia concreta, arte concreta, morte concreta!

É, tudo aqui dentro do meu estômago.

E, assim, eu migro pelos mundos, como se fosse o SABÃO nas mãos de Pôncio Pilatos ou uma esponja na sola de Mick Jagger. É isso.

Pronto: é o que tenho a dizer, Kurt Cobain!

Ah, aquela parte da tortura... e se ela vale a pena? Deus me livre! A gente diz tanta coisa, né?

Vive tanta coisa, né? Tanto afastamento, tanto silêncio...

SILÊNCIO!

Caramba!

Como a gente vive num tremendo SILÊNCIO que as pessoas nos devolvem... isto é, quando elas não nos POSSUEM, ou querem possuir, elas nos dão os ombros e o silêncio BRUTAL.

Como é BRUTAL o significado de tudo isso!

Como tem gente escondida dentro desse silêncio. É quase como nessas garrafas, mas sem o sangue. Hoje, NEM MAIS SANGUE HUMANO TEM.

POR ISSO ME ESPANCAM! AH, ENTENDI!

BRUTAL, o significado de tudo isso! Gente escondida dentro desse GIGANTESCO silêncio. E nessas garrafas? Todas as obras inacabadas da humanidade?

E os imbecis solitários as bebendo sem saber, nos bares e nos restaurantes, olhando o rótulo, sendo enganados por algum *sommelier* dando pinta, dizendo: "Bem, esse aqui tem um sabor arredondado e cheio, digamos, com o carvalho ainda no céu da boca, por assim dizer, e a fruta fresca levemente mordida pelo selênio, uma fruta ainda em estado de 'crescimento' e portanto algo híbrido, *merlot, cabernet* e... recém-chegado da coleção de um milionário australiano..."

PORRA! Mal sabe ele que lá dentro pode se esconder a obra inacabada de um Franz Kafka ou de um Calderón de La Barca ou mesmo... Ai, que desespero! Todo mundo bebendo literatura inacabada ou sangue de assassinos ou mártires e nós aqui, posando de...

Que tortura! O analfabetismo! Digo, essa nova forma de braile através da degustação de vinhos humanos. Não funciona! O leitor, digo, sei lá, ficará bêbado e não se lembrará do que leu, ou seja: bebeu!

Educação... para quê? Ah, para que a gente tenha uma noção de "cultivo da memória" e de "memória da lembrança", ou vice-versa. Gente! Quem está aí fora?

ÍCARO? ERA ISSO então? Ou Átila? Ou Homero? Ou o quê? O que é para eu aprender aqui? Sério?

Gente, agora é sério!

Rolhas? Sangue Royal? Virar uma pintura VIVA de Francis Bacon desfilando para ser comprado pelo Damien Hirst e virar uma sátira de mim mesmo? NÃO! Não sou mais quem eu sou porque

não estou mais pensando quem eu penso no que estou pensando e vocês não estão vendo exatamente o que vocês ACHAM que vocês estão vendo, então sugiro uma... PAUSA de... um mês. Ou então o aplauso que o Próspero pediu ou uma condenação que Prometeu pediu ou então o silêncio que foi concedido a Hamlet pelo Fortinbras porque...
Porque...
Porque...
Porque...

08/05/2009

Animal Canibal Pizza

Nova York. Tem gente encenando *Esperando Godot* em tudo que é canto. Aqui em NY é John Goodman (no papel de Pozzo) e o (palhaço) Bill Irwin. E em Londres Sir Ian McKellen e Patrick Stewart são Didi e Estragon. As produções poderiam ser tão "convencionais" quanto aquelas da década de 60, com Zero Mostel e Burgess Meredith.
Nada mudou.
Nada de novo. Lama na cara, roupas rasgadas e com aquele spray típico que falsamente dá aquele *look* de envelhecido. Beckett está nos grandes palcos do mundo (ou seja: Broadway ou West End), mais uma vez.
Nunca houve tanto Beckett no *mainstream*, ou seja, nos grandes palcos dos grandes teatros! Quem diria! Quem diria, hein, Walter Kerr? Esse crítico do *NY Times*, que renunciou já faz algumas décadas por ter julgado mal *Esperando Godot*, dizendo tratar-se de uma peça "onde nada acontece, em dois atos", depois reconheceu tratar-se da obra mais importante do século XX. E despediu-se dos seus leitores do *New York Times* dizendo que, já que havia cometido um erro crasso (o de não ter reconhecido o talento de Beckett), quantos outros talentos ele também não teria deixado de enxergar?

Pronto. Fim de Kerr. Fim de jogo. Foi-se um crítico. Fica Beckett.

O dramaturgo irlandês que eu conheci era muito engraçado. Suas peças e textos são muitíssimo engraçados. Não são hilários somente porque são escritos para palhaços ou ex-palhaços à beira de um ataque de nervos, mas o homem em si era um irlandês tipicamente no exílio (como quase todos). Pensam torto, falam torto, andam com a Irlanda na cabeça, mas não retornam

Mas chega de Beckett. Será que chega mesmo? Muitos autores são confinados a sua própria memória. Muitos deles vivem numa prisão, mesmo estando livres.

Pois é: outro dia li na *Folha Online* um triste texto sobre o Boal. O que dizia? Ah, sim, dizia que ele vendia livros em Amsterdã ou qualquer lugar "lá fora". Ora, que besteira a se dizer sobre o Boal. Com tanta coisa importante a ser dita sobre alguém que "pensou o teatro" como Augusto Boal (mais tarde o crítico da *Folha* consertou isso, graças a Deus), tinha que prevalecer justamente aquilo que o pobre coitado sempre combateu!

A ideia do Brasil ainda é do "lá fora" e o "aqui dentro". Vocês vivem numa prisão? Que horror essa mentalidade lusa (justamente TUDO que Boal não representava. Ou não queria representar), de viverem confinados a um país de dimensões continentais mas se comportando como se estivessem naquela ilha minúscula à qual Hamlet, já considerado louco, é mandado para o confinamento: a Inglaterra.

Correção: a minha Inglaterra é enorme! Só Londres... ah, esquece!

Quando eu era macrobiótico era assim. Havia poucos restaurantes aqui em NY.

Eu morava num *loft* na 23 com a Lexington (perto de onde moro hoje — quantas voltas eu já dei em volta dessas ilhas: ah, as ilhas! Que subproduto mental de nosso estado de ser!) e o Fernando estava com 6 anos. Matriculei-o na Little Red School House na Bleeker com a Sexta Avenida e, quando estava tudo no lugar, quando estava tudo certo, caí

— amarelo como um táxi — com hepatite, que provavelmente (me diziam) peguei seis meses antes visitando presos políticos brasileiros, quando ainda trabalhava para a Anistia Internacional, em Londres.

Os médicos do Bellevue Hospital não sabiam o que fazer comigo! Eu também não. Eu caminhava lentamente os quarteirões do meu *loft*... Parecia o Lex Luthor, ou o próprio Didi, diante de Estragon, tentando achar a sombra de uma árvore. Não havia árvores nesse trajeto da rua 23 até a Primeira Avenida.

Depois de sofrer durante meses e não ter forças para me levantar da cama, finalmente a macrobiótica entrou na minha vida: eles, os *Men in Black*, vieram de Boston e esvaziaram minha geladeira! "Como assim? Eu não posso mais beber Coca-Cola? Nem comer açúcar? Nem pão? Nem queijo?" Eu estava aos berros como uma bicha histérica enquanto o Fernando morria de rir. Os "médicos" macrobióticos faziam eu engolir um chá de araruta, gengibre, *umeboshi* e *shoyo*. Buuhh.

Três dias depois eu estava de pé e ÓTIMO.

Existe cura para a grande dramaturgia. Existe cura para os que se sentem ilhados dentro de suas cabeças provincianas porque nunca "pensaram" suas artes ou nunca deixaram sua marca na história.

Um desses chás, por exemplo, e pimba! Não há limite geográfico que resista! A psicanálise e um chá macrobiótico e seria o fim da dramaturgia internacional. Estaríamos todos curados!

Por que esse *post*? Porque "a vida tem que seguir seu curso" (essa frase é de *Fim de jogo*, do mesmo Beckett). Nossa vida, nossa dramaturgia é baseada em nossos traumas e nossos *Traums* (sonhos, em alemão). Não ousem tirá-los de nós!

Os comentários dos últimos dois *posts* estão excelentes. Excelentes! Na verdade acho uma pena interromper o papo de quase 800 comentários para ter que iniciar tudo novamente aqui. Mas parece o próprio ciclo da vida, esse "nada" que temos que alcançar, esse espaço NULO (*void*) no UNIVERSO, a falta de ego, o nosso NADA, como aquela mulher em *Rockaby* (Cadeira de balanço) que enxerga a vida através da veneziana ou da persiana e diz assim: *One blind up, fuck life!*

Ah, claro, se hoje ainda sou macrobiótico?

Sou vidrado na Cristiane Amanpour. Isso explica alguma coisa? Explica. É uma forma diferente de macrobiótica. Sim, porque se você tem a total compreensão do que significa o *yin* e o *yang*, você não precisa mais seguir rigidamente nada. Isso deveria ser um exemplo para os partidos políticos radicais. Isso deveria ser um exemplo para aqueles que colocam bombas em seus cintos e se jogam para dentro de uma multidão e se explodem.

Isso deveria ser um exemplo de transparência de que estamos aqui num processo temporário e efêmero, quase besta, e que Godot jamais virá. E quem ganha dinheiro, muito dinheiro, doutrinando meninos e meninas dizendo que ele já chegou, ou que ele já está aqui, acaba assado num campo qualquer numa Animal Canibal Pizza ou enterrado até a cabeça como o personagem Winnie em *Oh, que belos dias!*, de... ah, claro, quem mais? Samuel Beckett, evidentemente. O anti-Godot.

28/08/2006

Lamas e cremes e *sprays*

Nova York. Onze de setembro está na esquina: vou dar um jeito de fugir. Não, vou ficar!!! Um ótimo documentário feito pela Christiane Amanpour e pelo Peter Bergen sobre o Bin Laden foi ao ar pela CNN estes dias: coisas reveladoras, "delicadas". Mas eu não aguento mais. Confesso que eu estava entusiasmado para começar esta coluna escrevendo sobre o explosivo e bombástico livro de Thomas E. Ricks, do *Washington Post*, o *Fiasco*. Ele afirma, mais uma vez (assim como *Woodward* e tantos outros livros cuja resenha eu já fiz ao longo desses três anos), que a *intelligence community* falhou no que diz respeito aos ataques de 11 de setembro e prova que a administração de Bush e a de Blair forjaram documentos para criar pretextos para a invasão do Iraque. Afirma também que, se existe um inimigo "real" na região, esse seria o Irã. Mas, como disse, não aguento mais escrever, pensar, falar sobre isso!

Chega! Minha pele e meus músculos estão no *mode* de *information overload*, ou seja, naquela sensação de *basta*! E por que isso? Porque não adianta mesmo. Ontem, sábado, fui jantar com um empresário australiano-tailandês (e que sempre me dá uma outra perspectiva do mundo). Dessa vez, assim como eu, ele estava descrente, desiludido, e com seus ombros caídos me deu suas impressões: "Acho que a população do mundo ligou o 'foda-se'. Se fosse há 10 ou 15 anos, iriam todos para as ruas fazer manifestações, berrar, quebrar vitrines, assim como se faz até hoje na França." Será?

Penso no pacto que Fausto fez com Mefisto ou que Goethe fez com ele mesmo no dia em que virou prefeito de Weimar e criou a rua de mão única, a *Einbahnstrasse*.

Vou entregar essa coluna *pedindo desculpas ao Antunes Filho* porque sei que — por inocência ou espírito de brincadeira — acabei por ofendê-lo. Não quis fazer isso. Sei que ele está magoado comigo porque eu saí rindo de um espetáculo dele; não era para rir (na opinião dele). *Sorry*. Jamais quis ofender uma pessoa tão legal. Estou me retirando da cena, pouco a pouco, pouco a pouco, pouco a pouco... mas não antes de fazer o inventário do que tenho no armário do meu banheiro: cremes.

Quanta coisa inútil. Cremes para endurecer o que está mole. Ou amolecer o que está duro. Isso no campo das peles e cabelos. Quanta vaidade! Fausto brincando com a eternidade e jogando com seus anjos caídos? Be Curly e Flax Seed Aloe, ambos da Aveda, para os cabelos. Ah, tem também o Anti-Frizz, da Phyto francesa, para baixar tudo e amaciar tudo o que os dois anteriores deixaram para cima. Tem o StriVectrin-SD, que é para deixar a pele jovem, como se fôssemos um eterno bebê. Bem ao lado tem uns *shampoos* e condicionadores da Fekkai e um *wave spray* que não sei muito bem usar pois mancha os óculos e deixa a mão toda melada.

Mas tudo bem. Essas coisas chegam aqui em caixas, amostras. Amostras de pequenos cremes do Perricone MD, o dermatologista que se transformou no antioxidante em pessoa. Tão antioxidante que um carro enferrujado desenferruja só ao vê-lo! A L'Occitane lota uma prateleira inteira com sabonetes e cremes de barbear que o Gerson Steves, meu ator, me deu de presente (e eu uso mesmo!).

Da Ahava, tenho lama e mais lama do mar Morto, lá de Israel, que nada tem a ver com o bombardeio sobre o Líbano. Mas tem leitor que vai chamar a lama de sionista e financiada pelos EUA etc... a gente tem que aguentar essas coisas! Mesmo assim é uma lama milagrosa. Se eu abrisse a minha *nécessaire* eu falaria dos ansiolíticos, dos Dorflex e dos reguladores de humor. Mas essa coluna não fala de **tarja preta**. Aqui é tudo muito *light*. Dessa vez não quero encher o saco de ninguém falando de Marcola, se bem que eu escrevo de um PC, já me encantei pelo PCdoB e já li Dante também, assim como Clausewitz e... Não quero matar ninguém, justamente agora que minha mãe morreu. Se bem que, pensando bem, gostaria sim, digo, se tivesse um fuzil na mão eu atiraria em... deixa pra lá. Aqui não se fala em tragédia ou do furacão Katrina ou de corpos putrefatos boiando ou na beira de uma estrada no Iraque. Melhor pensar em... caviar beluga, mesmo porque não fazemos a menor diferença, nós os mortais.

No fundo, no fundo, os produtos do banheiro não passam de uma metáfora. Um produto combate o outro, desfaz o dano do outro. Exatamente igual à ONU. Ou ao Congresso. Ou ao Senado. Não importa o país. Tudo a mesma lama. A humanidade não passa de um creme de beleza, ou melhor, de postura, digo, feiura!

01/08/2008

Os EUA são *made in China*

Não sei se Mao Tse-tung está revoltado, rebolando ou simplesmente sorrindo no túmulo. Sua Revolução Cultural acabou dando numa enorme fábrica poluente e de produtos de quinta categoria. A sua China virou uma indústria de imitações de plástico ou uma enorme versão das Chinatowns de Nova York e de Los Angeles. E os trabalhadores? Ah, sim, 3 dólares por dia, claro!

Mas esses produtos estão acabando com os EUA e com outros países do Ocidente, literalmente. Para cada máquina de café *made in China* ou edredom fabricado lá, para cada tênis Nike ou o que você imaginar, o trabalhador americano está no olho da rua. O nome disso aqui é *outsourcing*, e seus maiores oponentes na mídia são Michael Moore e Lou Dobbs.

O problema da China é bem mais grave que a terceirização da força trabalhadora que foi para o México, para a Índia ou para as Filipinas. Lá tem a exploração, mas não benefícios, como seguro de saúde, aposentadoria.

Depois do surto epidêmico do E.coli do espinafre colhido na Califórnia, que mandou cinco para o cemitério e 190 para o hospital, parcialmente por causa da "higiene (ou falta dela) dos mexicanos ilegais que fazem a colheita" — o que está entre aspas é citação do Center for Desease Control —, o mais recente escândalo assombrando a Food and Drug Administration são os produtos de origem na China: peixes cultivados em rios poluídos, camarões cultivados em tanques, pasta de dentes e outros que já chegam contaminados com uma substância tão tóxica que o próprio Departamento de Saúde da China a baniu faz cinco anos (o FDA a baniu faz 25 anos). Esse produto é algo parecido com o "antifreeze" que se coloca nos radiadores dos carros no inverno. Uma substância marciana gosmenta e verde que não permite que a água congele.

E parece que esse anticongelante em pequenas proporções permite que os peixes continuem vivos em rios, riachos ou tanques altamente poluídos. Idem para os crustáceos. E como a base da pasta de dentes é igual para todas, o governo americano se viu obrigado a alertar o público: cuidado ao comprar a sua pasta de dentes. Mas, cuidado como, meu Deus?

A situação é tão grave que o equivalente ao secretário de Saúde da China foi sentenciado à morte. A China reconhece a gravidade da situação.

Existe um projeto de lei em uma gaveta do Congresso em Washington DC que obrigaria o fabricante a colocar não somente o país de origem do produto mas também detalhes como "esse produto contém ingredientes originários da China". Mas, porque o *lobby* é forte e a China é número um na *trader's list* (os EUA vendem partes de automóveis, partes de *software*, partes de tudo, inclusive armamentos bélicos — pasmem —, que são devolvidos para cá a troco de centavos), esse projeto de lei não sai da gaveta. Então, como tomar cuidado?

Entrei nesses dias na loja Bed, Bath & Beyond e tudo ou quase tudo é fabricado na China. Sendo muitíssimo honesto comigo, o gerente da seção de máquinas de café falou sobre a da Krup, originalmente fabricada na Alemanha (e sobre o liquidificador Hamilton

Beach): "Não prestam. Não compre: em três semanas entrarão em curto ou a tampa voará ou a água sairá por baixo." E, em voz baixa: "Vejo, pela tua aparência, que posso confiar em você. Também participei das passeatas contra a guerra do Vietnã." Me senti um velho. Quase, ao sair da loja, passei na seção de bengalas. Mas me lembrei que bengala deve vir de Bengal, na Índia e... Bem, lá se vai mais uma história.

Dia desses, tentei comprar uma camisa branca simples, dessas com botão, porque a que eu tenho rasgou depois de cinco anos de uso (ainda feita nos EUA). Já havia notado que a minha Levi's nova era "made in China", o tecido está fino demais, feita para durar no máximo um ano (e olhe lá!) e continuei a caminhar. A loja Gap inteira é "made in China"! Fui para a Banana Republic (dos mesmos donos). Igual: quase tudo vem da China.

Meu Deus, o coração começou a pulsar como se eu fosse um personagem num filme de Stanley Kubrick, pronto a ser detido por ter visto algo que não deveria, de olhos bem abertos ou bem fechados — ou algo entre um e outro, sei lá.

Como estava fazendo quase 40 graus à sombra, fui buscar abrigo numa loja de porcelana (em inglês, porcelana chama-se "china"). Fui olhar o rótulo de um dos produtos de "china" (com o "c" minúsculo) e o vaso era feito na Turquia. Alívio temporário.

Ainda hei de achar aqui neste país algo, além de Bush e Cheney, que seja fabricado nos EUA. Juro que vou. Nesse meio-tempo, passei na loja Kinkos (hum, que nome suspeito), que se especializou em fotocópia e internet e é parceira da FedEx, e encomendei um carimbo temporário para estampar nas testas dos transeuntes: "Nós, feitos na Terra (em caracteres chineses), *are made in China.*" Quem sabe dessa forma não seremos mais, digamos, entendidos como *commodities* e menos como seres humanos, já que essa raça está mesmo em extinção!

26/10/2006

A meninada londrina acha que a grama nasce mais verde em NY

Londres. É engraçado notar como, de fato, o gramado é sempre mais verde no jardim do vizinho. São 7 da manhã e eu tomo um expresso na Pâtisserie Valerie, na Old Compton Street, no SoHo de Londres. Esse lugar é muito conhecido entre boêmios, artistas e quem passou a noite em claro e está tentando colocar os pés na terra de novo. Aqui — geralmente — se vê de tudo. Desde ex-integrantes de bandas de rock que se apresentavam no Marquee, aqui perto (na Wardour Street na Belle Époque dos Yardbirds, e do UFO na Tottenham Court Road), onde Eric Burdon, do The Animals, conseguiu convencer Paul McCartney a ver um concerto de Jimi Hendrix, o que mudou a história do mundo... até figuras como o autor e ator Steven Berkoff ou casais gays e travecas que fazem ponto aqui nesse bairro que contém quase todas as produtoras de filmes inglesas. Ah, sim, aqui os traficantes de crack cospem na mão dos compradores seus pequenos saquinhos plásticos. A quantidade de heroinados e *homeless* é mais visível que em NY. Mas os ingleses acham que é justamente o contrário. É bizarro.

Aqui me encontro com Bruce Griffiths, um *stand-up comic* australiano, cabelos longos encaracolados, óculos, parecidíssimo comigo. "Estou aqui para ver uma banda de rock tocar hoje à noite no

100 Club, na Oxford Street, e, no entanto, ainda não consegui tempo para montar meu website. Estou com 43 anos e minha desorganização é terrível", diz ele.

Outro sentado na mesa é um jovem produtor de teatro chamado Tom, que acha que Nova York é que é o lugar "quente". Se decepciona com o que ouve quando eu conto o que acontece: "A maioria das produções está vindo daqui de Londres, Tom. Tem espião de teatro aqui em tudo que é lugar", eu digo a ele.

Eu me lembro que há algumas semanas, no Chelsea Hotel de Nova York, alguns roqueiros chegavam a Nova York deslumbrados com a cidade: *We're going to make it here!* Nada aconteceu. Hoje eles estão de volta a Londres com o rabo entre as pernas, com ódio de NY, jurando que jamais voltarão.

O mesmo acontece com um grupo de teatro que permaneceu em NY por duas décadas: os Bluelips, um grupo de travecas muitíssimo engraçado que interpretava os clássicos e se baseava no Theater for The New City, na Primeira Avenida. Agora estão de volta e seu fundador voltou a ser um dos atores da Royal Shakespeare Company.

Quentin Crisp, lembram? Criou uma amargura tremenda em relação à Inglaterra pelo tratamento que recebeu por ser gay. Se instalou no East Village de NY e de lá nunca mais saiu.

Ainda existe esse mito de ter que vencer em NY. No entanto, o maior sonho que os grupos de teatro nova-iorquinos têm é o de poder se apresentar em Londres. Não é estranho esse espelho às avessas? O mundo não ficou mais perto com a internet e os meios de comunicação.

Tony Blair está meio de saída. O embaixador Bustani e seu *attaché* cultural, Felipe Fortuna, também. Ontem à noite, numa festa de despedida, perguntei ao magnífico Paul Heritage (uma das pessoas mais importantes do teatro brasileiro: um dia irão reconhecer sua importância!): "Que fim levou Lindsay Kemp?" (Kemp foi um dos fundadores do teatro de dança décadas antes de Pina Bausch aparecer. Adaptou Genet para o palco e suas apresentações no Saddler's Wells eram tão disputadas quanto um concerto de Eric Clapton.) Heritage me disse: "Não sei."

Eu também não sei. O mundo caminha depressa demais, e nossa memória seletiva não guarda os verdadeiros heróis que formaram nossas ideologias, nosso banco de referências e de gostos. Entre Londres e Nova York não existe nenhuma diferença, já que ela está em nossas cabeças. Um dia, infelizmente, perguntaremos a alguém: "E o que aconteceu a Godard?" E esse alguém responderá: "Quem?" Deverá ter virado o Dr. Smith do *Perdidos no espaço*.

15/10/2007
Folha de S.Paulo

Adeus a Paulo Autran

Chego do velório e percebo que Paulo Autran morreu no Dia da Criança. Não poderia ter escolhido dia melhor. Talvez seja por isso que esse "ator/símbolo de si mesmo" tenha escolhido um dia como esse e tenha deixado sua mulher, Karin Rodrigues, com um sorriso lindo estampado na cara.

Num momento relaxado, indo buscar sua Karin na peça *O médico e o monstro* (há mais de dez anos), ele, Ney Latorraca e eu só falávamos cretinices.

Sugeri que fôssemos visitar Haroldo de Campos, que morava a três quarteirões do Tuca, e Paulo brincou: "Mas eu tenho que me vestir de 'concreto'? Símbolos?"

Há um mês e meio, ele estava sentado na minha plateia no Sesc Anchieta, numa quarta-feira, justamente duas semanas depois que ele mesmo havia sido "tombado" em vida, o que é raríssimo.

Sim, o visionário Danilo Santos de Miranda resolveu transformar o teatro do Sesc Pinheiros em Teatro Paulo Autran. E o próprio Paulo pediu que fosse o grandíssimo Marco Nanini quem fizesse as cerimônias da ocasião. Assim como no filme *Quero ser John Malkovich*, agora, finalmente, podia-se "estar dentro" de Paulo Autran pagando ingresso. Ele riu disso entre um trago e outro (maldito cigarro!), enquanto discutíamos algo sobre o Terceiro Reich.

"Estar dentro", dizia Paulo, "tem muitas conotações." E ríamos... O espetáculo que acabara de ver era o meu *Rainha Mentira* e lidava com campos de concentração, mas o sempre bem-humorado intérprete (diferente de ator que representa) estava se referindo a coisas mais leves, obviamente.

Sempre estive ao lado desse homem, e sempre "combinamos algo para daqui a um ano", mas nunca compartilhamos o palco. Curioso. Fomos até chamados de "elitistas" pelo atual ministro da Cultura.

O restaurante Piselli era o nosso cruzamento acidental mais frequente em Sampa e lá falávamos de tudo, assim como fazíamos ao longo desses 23 anos, desde a casa de Tonia Carrero, quando eu a dirigia (junto com Sérgio Britto, em *Quartett*, de Heiner Mueller), em sua própria minimansão, onde Paulo e Karin se hospedavam, no Rio.

Ele era um intérprete e não um representador. Alguém que vive em todas as épocas, especialmente no futuro, e vê tudo no passado. Paulo é, ainda no presente, um educador, um erudito como poucos nesta classe teatral. Ao contrário de tantos que andam por aí, com ele as conversas podiam perambular entre as razões da Primeira e da Segunda Guerra Mundial, os filósofos gregos, a queda do Império Romano, a divisão da China pós-Revolução Cultural de Mao...

E seu registro de voz era estranhíssimo. Fora da língua portuguesa, digo, brasileira. Ele falava exatamente no mesmo registro (*pitch*) que Laurence Olivier. E, assim como uma criança, tinha a curiosidade de olhar para o céu e observar estrelas. Mas no teatro transformava as estrelas em refletores e nos devolvia a luz de uma lâmpada que batia em sua pupila e nos fisgava, não importa em que ponto ou fundura do palco ele se encontrava. Truques de grandes mestres, já que carisma não se explica.

Ele olhava a imensidão do universo com a mesma intensidade que o urdimento do teatro. Essa vivência é muito difícil de explicar. Mas Paulo será muito difícil de explicar porque, mesmo enfermo, ele não parava de ir ao teatro, de querer enxergar novos talentos, de querer estar no palco por eles, ou melhor, através deles.

O ator morre todos os dias, no momento em que se veste de personagem. Morre de novo quando o personagem morre ou quando a cortina fecha ou quando o público o aplaude ou na solidão do seu camarim.

Quem morreu na última sexta foi uma grandiosa criança chamada Paulo Autran, cujo legado não nos deixará nunca.

Quem sabe ele está estudando um novo método qualquer para poder nos surpreender novamente?

Vai com Deus, meu querido. Fique em paz!

08/12/2005
Folha de S.Paulo

Vinte e cinco anos sem John Lennon

É justamente a metade da minha vida sem essa *figura* que só parece crescer em todos os sentidos, sejam eles proféticos, musicais e filosóficos. Guru? Não, acho que não chegará a tanto na história, se olharmos, digamos, cinquenta anos para a frente. Mas um grande gênio, sem dúvida. Aliás, isso ele sempre foi.

Mas, no meu caso, a história do dia de sua morte foi extremamente peculiar e, como se diz em inglês, *spooky*, ou seja, assombrosa. É que eu havia trazido do Brasil o ex-preso político e poeta Alex Polari de Alverga e sua mulher. Alex tinha um desejo enorme de conhecer o lugar onde Lennon morava, já que, nos anos de sua prisão, a música e os versos de Lennon lhe faziam companhia, lhe davam inspiração e esperança.

Naquela época, eu tinha um daqueles carros enormes (como todos os carros americanos da época: um Buick Regal, grande demais, metal demais sobrando para todos os lados) e estava por acaso de mudança de um apartamento para outro. Deixei o casal Polari de Alverga alojado na Lexington Avenue com a rua 23, enquanto a minha tralha já estava toda no Village, na Mercer Street.

Bem, na tarde do dia 8 de dezembro (tinha de ser naquele dia), levei os dois para fotografá-los na frente do Dakota, o prédio onde Lennon foi o primeiro autodeclarado *house husband* e onde posou nu ao lado de Yoko para a fotógrafa Annie Leibovitz, ex-namorada da designer brasileira Bia Feitler e, mais tarde, ex-namorada de Susan Sontag. Foi lá também que ele aguardou o veredicto de inocente na questão da maconha, que o advogado Steven Weinberg conseguiu ganhar na corte da Center Street.

Fizemos aquela bela e embaraçosa sessão de fotos tipicamente turísticas, com o Alex em primeiro plano e o primeiro andar do Dakota, bem pertinho, em segundo. Percebo agora que Mark David Chapman, o assassino, talvez até apareça nessas fotos, pois devia estar rondando por lá. Não sei o que foi feito dessas fotos, já que o poeta e ex-preso político se dedicou à causa do Santo Daime e hoje mora em Visconde de Mauá, no alto das montanhas alpinas brasileiras, e não quer muito contato com o mundo.

O fato é que, ao final de um longo dia, deixei os Polari no apartamento da Lexington e rumei para a Mercer Street. Como todo aficionado do rock, em Nova York eu tinha um endereço certo: a rádio WNEW, ou seja, Scott Muny (morto recentemente) e sua 102,7, que eu colocava no máximo volume quando estava sozinho no carro.

A Lexington com a 23 é distante da Mercer com a rua 4, exatamente 19 quarteirões. Quando eu parei num farol da rua 14 com a Terceira Avenida, uma voz ofegante pega o microfone e diz: *John Lennon has been shot. We don't know what the conditions are yet...* (algo como: "Atiraram em John Lennon. Ainda não sabemos quais as condições...").

Parei o carro. Pensei no dia que tivemos. Pensei em dar meiavolta e alertar os Polari de Alverga. Pensei melhor. Não. Melhor seguir para casa. Cinco ou seis quarteirões depois, um Scott Muny desesperado e aos prantos pega o microfone e diz: *John Lennon is dead.*

Minha memória pode estar me traindo. Afinal, faz muito tempo, e eu estava extremamente abalado.

Fiquei completamente paralisado no início. Mas, minutos depois, peguei o carro (fazia muito frio, e eu estava de camiseta e uma mera jaqueta de couro marrom), cruzei a cidade e rumei para Upper Westside, de volta para o Dakota, onde encontrei uma boa centena de pessoas desoladas.

Bom, o resto da história todo mundo sabe.

O que ainda não foi muito dito é o quanto Lennon foi influente não somente na música, mas em sua parceria com a Yoko, em todas as artes. Antes desse momento atual, louco e ridículo, em que debiloides como Paris Hilton viram celebridades por não serem nada, Lennon e Yoko podiam ser vistos com frequência nas ruas de um SoHo que não é esse que está aí, transformado em loja de roupas de grife. Ainda abrigava *lofts* de artistas como Julian Schnabel e Nam June Paik, galerias como The Kitchen, Performing Garage e a de Hélio Oiticica (este, excepcionalmente, na Christopher Street, em West Village), e gente que "ousava" atravessar a Houston Street, território neutro e escuro onde tudo podia acontecer.

Lennon era profético. Seu Strawberry Fields ainda está lá, no Central Park, e é visitado por milhares de turistas todos os anos. Mas não é só isso. Os nova-iorquinos também vão lá, se emocionam, depositam flores, meditam, assim como fazem com a estátua de Gandhi em Tavistock Square, em Londres.

Até hoje ninguém sabe explicar ou nem sequer se conforma com o que aconteceu naquele dia. Eu estava lá. Julian Beck, o ator que eu dirigi, fundador do Living Theater, um pouco antes de sua morte me disse, enquanto ainda estávamos em cartaz com *That Time*, de Samuel Beckett: "Eu acho que se eu tivesse optado pela música, teria sido algo parecido com ele." Julian morreu cinco anos depois. Lennon expressou admiração pelo Living Theater.

Quando penso nessas memórias e no valor que a vida tinha e a qualidade que a arte tinha, sua delicadeza, sua sutileza, eu olho em volta, olho com nojo e mais do que nunca me lembro da letra e música de uma canção que de início não me causou muito impacto, mas que, devido ao contexto mundial atual, me leva aos prantos: "Imagine".

03/05/2009

Boal morto:
Quantos ainda pensam a sua "própria" arte?

A tristeza da perda e a imbecilidade do dia a dia

Nova York. Não posso dizer que não fiquei triste com a morte do Boal. Óbvio que fiquei. Fiquei triste com a morte de um artista. Quantos deles temos hoje em dia? Poucos.
Muito poucos.
Se você liga a televisão ou vai ao cinema pode medir: vai ouvir a palavra KILL ou MATAR ou MORRER a cada três minutos (se não mais), e o Ibope exige que os programas sejam baseados na vida e na relação polícia *versus* bandido e os procedimentos legais: são milhares de programas, em milhares de formatos. Na política é a mesma coisa. A retórica é a mesma.
Pontes explodem, carros explodem, pessoas explodem. Raramente nota-se que já existiu uma sinfonia como a de Mahler, a SEGUNDA, a *Ressurreição*, para ser mais preciso. Poucas vezes a mídia, seja ela qual for, nos remete a uma sinfonia de Beethoven ou a uma ópera de Wagner. Não há mistérios! É a violência que dá audiência mesmo. E, se não é a violência bruta, a crassa, então é o melodrama barato, estúpido. E se não é isso, somos consumidos pela notícia do PÂNI-

CO (como o terror da gripe suína e outras coisas do tipo. Nossa vida sempre em "perigo de vida" e a tal chamada guerra dos mundos, que Orson Welles tão magnificamente satirizou pelo rádio.). Ah...

Boal morreu. Seu Teatro do Oprimido não era a "minha coisa". Mas faz pensar. Faz pensar o que ele pensava sobre seu teatro. E isso não é pouco. E nos faz pensar sobre a vida, ou melhor: a morte. Os grandes artistas, a ARTE GENIAL, como a de Mahler, como a de Beckett, como a de Joyce ou a de Gogol, Tolstói ou Conrad ou seja lá qual for seu autor predileto, faz pensar sobre a morte: como deve ser, como somos imbecis com nossos valores materiais aqui nesta terra. Claro, Goethe e seu *Fausto*, assim como Marlowe e seu *Fausto*. Shakespeare e as comédias trágicas, e as tragédias trágicas, ou as moderadas.

O sistema nos traiu. Sim, fomos traídos. Somos todos cornos! Estamos vivendo há uma década, ou mais, sob falsas pretensões e sob falsos valores esperando um messias.

Somos uns imbecis achando que o dia de amanhã será melhor porque o político A, B, ou C nos salvará da crise absoluta do sistema vigente. Não nos salvará.

E Boal nisso tudo? Bem, Boal tinha suas convicções. Podia não me convencer com seu teatro "em prática", mas ele já previa e já cantava essa bola havia muito tempo. Qual bola? A de que somos cornos de um sistema que nos trai. Mas ele, diferentemente do Living Theater, diferentemente dos outros que cantavam a mesma bola, levou seu teatro para o lugar do consumo: o supermercado, ou o lugar onde se consumia aquilo que o sistema martelava na gente! Teatro de Martelo! Um ensaio permanente e inocente (até) de como fazer de corno um sistema que nos faz de corno. Boal estudou aqui na Columbia University e fez grandes amigos. Mas era outra era, outro tempo.

Atualmente tem um bando de imbecis *tweettando*, ou *twittando*, como preferirem, achando que estão na "última", exacerbando o ego e elevando o seu anonimato, berrando para os oito cantos do mundo o "nada" do que fazem todos os dias. Que lindo! O teatro do invisível de Boal já cantava a bola justamente desse invisível ou desse oprimido (que somos nós, todos nós. Não necessariamente se fala de uma CLASSE, e sim de um estado de ser).

A Arte volta a fazer parte de nossas vidas e de nossas lágrimas. Tentei resistir e não escrever, pois não gosto de escrever emocionado. Augusto Boal morreu, e com a morte dele se percebe que morreu um artista.

Isso deixa a ARTE num estado de fragilidade. Ou com a imunidade baixa, fraca.

O mundo não é feito, mas "está" feito de programas que trivializam a alma, que derrubam o ser humano para um lugar onde ele não merece estar: a sua pior ignorância.

É isso. Escrevo pois pesa o peso da *M.O.R.T.E.* e, nesses dias de angústia, a falta de um ser que construiu um vocabulário teatral é realmente triste. Muito triste.

Quantos construíram um vocabulário teatral?

Quantos sequer "pensaram" sua arte?

Estamos sendo traídos pelo sistema: talvez seja hora de pararmos de nos acusar uns aos outros e pensarmos na CENA de ORIGEM. Sim, aquela que os filósofos invocam quando têm de enfrentar a GRANDE CRISE, ou melhor, a GRANDE ARTE, ou seja: a morte!

29/06/2010
Folha de S.Paulo

Morte de Guzik, uma breve interrupção

O que se diz sobre a morte de um comunicador? Sobre uma pessoa de teatro diz-se que "caiu o pano". Sobre um romancista, poderia se dizer que "virou a página" e assim por diante.

O fato é que, quando morre um "comunicador", alguém que compreende todas essas funções e as leva até o fim da linha, o impacto dessa morte vira também um grande enigma. E, como grande comunicador, Alberto Guzik, que morreu no último sábado, escolheu ir entre os aniversários de morte de Michael Jackson e Pina Bausch. É claro, o Guzik não poderia ter deixado por menos.

Eu, Gerald, que virei o homem dos obituários aqui na *Folha*, desta vez não me encontro. Digo, o impacto da morte de um amigo tão próximo me deixa mudo.

Sim, trata-se de um amigo intenso, um cara que me acompanhou desde a minha chegada ao Brasil com meu teatro. Alguém cujos trabalhos eu acompanhava, e vice-versa, e cujos livros são prefaciados por mim ou por ele numa enorme confusão que, talvez, leve um título comum aos dois: "Homens de lugar nenhum, atormentados pela dor do mundo."

Não é à toa que o prefácio do meu livro *O encenador de si mesmo* vem assinado por ninguém menos que Alberto Guzik. E não é à toa que eu estava prestes a completar o prefácio de seu mais novo romance: *Estátuas de sal*. Como crítico, Guzik era o que se chamava de "moderado". Como ator, era um apaixonado. Como um homem da cultura, um estudioso *in love*. Como professor, romancista ou acadêmico, todas as virtudes acima.

E agora? "Vá em paz, Guzik"? Não! Paz, não. Alberto Guzik era um pacifista, mas não era um cara da paz. O Alberto era o homem do eterno conflito. Todos eles, e ao mesmo tempo. Ah, sim. Sabia lidar (como ninguém) com eles: seus livros *Risco de vida* e *O que é ser rio, e correr* são exemplos de que ele se aventurava pelas vias mais duras, mais árduas imagináveis.

Jogam o ser humano num mundo dantesco e rodrigueano-judaico. Sua vida como crítico teatral (sucessor de Sabato Magaldi no *Jornal da Tarde*) era uma aventura que o jogava a favor e contra a "classe".

E? Alberto Guzik mandou tudo para a pqp uma vez que voltou a ser ator e cofundou o Satyros na praça Roosevelt em São Paulo. Seu novo livro (ainda não publicado), *Estátuas de sal*, é um romance brilhante que nos afunda em separações, mortes. Alberto sempre soube onde pisar forte.

Não irá falhar desta vez, após a sua (temporária) morte.

Digo, não deixaria de nos interromper num momento em que a interrupção deixa de ser uma metáfora e passa a ser uma verdade: o relógio parou. Guzik morreu. E, por algum tempo, mesmo que seja por pouco, o tempo ficará parado com ele.

Adeus, meu amor.

01/07/2009

Folha de S.Paulo

Morre Pina Bausch: Essa que todos nós invejávamos e amávamos tanto!

Meu Deus, o que dizer? Morreu a maior de todas ou de todos. Morreu aquele inventor que todos nós do teatro invejávamos. Sim, esse é o termo. Invejávamos, pois Pina Bausch conseguiu reunir com seu visionarismo inacreditável a "obra de arte total" (termo criado por Richard Wagner), com poucos elementos minimalistas, duplicados, ampliados até um ponto de erupção, como um vulcão.

    Sim, seus bailarinos repetiam e repetiam temas obsessivos da impossibilidade entre a relação homem-mulher e a mulher objeto. É claro, Pina sacaneava o próprio balé clássico no qual se formou. Eram horas de cena sobre como fazer um movimento clássico ou exercício de barra. Eram horas sempre lindas e lúdicas, de uma lágrima caindo lentamente de um só olho de uma bailarina e atriz, formada em seu teatro na pequena cidade de Wuppertal.

    Pina Bausch foi alguém que abriu uma nova página na dramaturgia da dança e do teatro. Tivemos poucos. Muito poucos. Bob Wilson e Tadeuz Kantor e poucos outros construíram um dicionário, um vocabulário reconhecível e imitado mundo afora. Tenho que confessar que assisti a todos os seus trabalhos, desde os mais convencionais até os últimos, baseados em cidades pelas quais perambulava pelo mundo. Pina está acima do nosso julgamento.

Nos últimos tempos, estranhamente, ela estava basicamente trilhando uma espécie de revisitação do que parece ter sido o início da vida e carreira de Bob Wilson (baseado no autismo de Christopher Knowles), usando diálogos desconexos e mais minimalistas do que nunca: "Posso te amar?" "Nãããããooooo!!!" "Posso te amar por um dia?" "Nãããããooooo!!!!"

Pina é Beckett puro. Aliás, os dois se encontraram. É a única coisa que tínhamos em comum. Nos encontramos duas vezes, em turnês comuns pelo mundo, e poucas palavras trocamos. E era sobre Samuel Beckett que falávamos. Pina construiu uma obra gigantesca e monumental.

Estou impactadíssimo com a notícia de sua morte. Como todo gênio, será estudada, amada e reverenciada pelas décadas que virão. E aquela lágrima que escorria pelo rosto daquela bailarina? Agora escorre pelo meu, e profundamente. Pina foi a pedra fundamental para toda uma geração (ou várias). Nunca se recuperou da morte do marido. Nunca se recuperou da tragédia da vida, da "dor do mundo" que carregava e que está pontuada em sua obra com tanta delicadeza.

05/04/2005

A morte do papa

Muita gente "explica" esse papa. O fato é que eu sou judeu e estou profundamente comovido com a sua morte. Digo, comovido mesmo, a ponto de me pegar em frente à TV, aos prantos. Mas, logicamente, sempre me vejo cercado de gente que aplica a lógica em tudo e deixa a emoção de lado.

E essa lógica, razão, sempre desemboca em longas "explicações" e "erros profundos" cometidos por ele, pelo Vaticano, *and so on*. Claro, não sejamos inocentes: o Vaticano é uma *Corporation*. Mas e daí? Se morre um alto executivo de uma corporação de quem eu gosto, eu choro. Se morre algum chefe de Estado de quem eu gosto (apesar de a política ser ferrugem pura), eu choro.

Sempre se tem razão quando se "explica" alguém, seja esse alguém um político, um filósofo, um herói ou um artista. Qualquer um desses "alguéns" terá suas contradições, e essas contradições terão um efeito dominó incrível, principalmente em se tratando do Vaticano e seus milhões de *believers world over*.

Então, do ponto de vista frio, calculista e analítico, os explicadores têm toda razão.

Mas não somos apenas isto: frios, calculistas e analíticos. Somos também seres emotivos, criativos e observadores.

E é aí que me encaixo: a Polônia não tinha cara. Durante séculos esse país foi o centro dos conflitos de uma futura Europa. Suas fronteiras (e, portanto, sua identidade) oscilavam conforme a guerra local ou mundial. Ora uma ponta dela falava alemão, ora francês, ora polonês mesmo, ora russo.

Auschwitz, que leva a fama de ser o maior campo de concentração do mundo, fica na Polônia, e são eles, os poloneses, que arcam com aquele carma. Mas foi a SS e a Gestapo que se instalaram no país, porque o Terceiro Reich se esticava até lá.

E vindo de Katovice, e depois cardeal de Cracóvia (onde eu morei ensaiando *Zaide*, de Mozart), João Paulo II teve sim uma ENORME importância no movimento de Lech Walesa. Então procuro ver o que ele fez pelo Solidariedade. Pela identidade que deu a uma Polônia mais uma vez reprimida por Jaruzelski. Eu, Gerald, posso até ser socialista, mas determinadamente não sou stalinista (Deus me livre), e ele, o papa, foi fundamental em destruir aquilo ali.

Mr. Gorbachov, tear down this wall, dizia Reagan...

Nada disso teria acontecido se por trás do pano não houvesse esse papa chamado de retrógrado (e certamente era, por causa de questões sexuais bizarras inacreditáveis nessa era da Aids).

Eu continuo comovido, pois as associações são imensas, já que Beckett ainda é a maior referência. E o esforço feito pelo homem em se comunicar nos últimos dias de sua vida, tentando pronunciar uma palavra sem conseguir (e em pensar como tudo entra em colapso tão rapidamente), me choca e me faz chorar. É como o Hamm, em *Fim de jogo*, de Beckett, ou a pintura de Francis Bacon, real demais no meu mundo irreal das meias verdades. Mas com uma coisa eu não consigo conviver: com a morte. E principalmente a morte de alguém que é um ícone para tanta gente e que eu mesmo acompanhei, por bem ou por mal, nessas duas últimas décadas e meia. Sim, estou profundamente comovido.

12/02/2005
Folha de S.Paulo

A morte de Arthur Miller

Quando surge uma notícia dessas, o que vem à cabeça é um turbilhão de memórias pessoais, misturadas à figura pública, aquela que conhecemos por meio de sua obra e fofocas, rumores, entrevistas etc.

Arthur Miller, o autor de *A morte de um caixeiro-viajante*, levou uma vida discreta nas últimas décadas. Antes disso, teve um breve casamento com Marilyn Monroe — coisa que ele veio a destruir publicamente mais tarde. Explico: sempre carinhoso a respeito de Marilyn, certo dia, sem mais nem menos, visitado por Elmar Zorn, ex-curador do Wiener Festwochen, o famoso autor começou a desabafar. Zorn foi quem me levou ao festival de Viena e me confidenciou alguns desses desabafos. "Eu não aguentava mais viver com uma pessoa que não gostava de si mesma", disse Miller a Zorn.

Numa certa ocasião, creio que em 1985, Norman Mailer escreveu uma peça sobre Marilyn em que Miller era um dos personagens. Por acaso, Heiner Müeller estava em Nova York, e fomos todos juntos ver. Um desastre. Um horror. Uma tentativa de realismo, ou hiper-realismo, que só conseguiu fazer com que a plateia se entreolhasse ou olhasse para o sinal de *exit*, como se estivessem todos se perguntando: "O que estamos fazendo aqui?"

Ficamos todos assustados quando descobrimos que Miller estava na plateia. Zombadíssimo no texto de Mailer, Miller não se mexia na poltrona. No final, todos correram, foram embora para não ter que enfrentar o "debate" que Mailer sempre insiste em ter.

Era a verdadeira conspiração: Miller, Mailer e Müeller.

Anos depois, fiquei felizmente chocado quando Arthur Miller apareceu no memorial que a New York University fez para homenagear a morte de Jerzy Grotowski. Jamais pude imaginar que houvesse qualquer conexão entre os dois. Aliás, acho que não havia. Era somente um teatrólogo homenageando um outro. Belas palavras saíram de sua boca.

Miller, nos últimos anos, era um ávido crítico da instituição comercial que a Broadway virou. Aliás, sua última peça, *Finishing the Picture* era baseada num trecho de sua vida com Marilyn.

Num longo discurso, ao aceitar o Prêmio Tony, Miller tacou fogo em tudo o que dizia respeito aos produtores da Broadway, e como eles agem diante dos talentos de hoje, criticou a comercialização do teatro e finalizou afirmando que, se "o capitalismo" e o "lucrismo" reinarem desse jeito, não há talento que resista, pois são os produtores que regulam o autor. "É como se quem escrevesse o capítulo final de uma peça não fosse mais o autor, e sim um economista ou um contador." Nada mais coerente para quem escreveu uma obra de arte como *A morte de um caixeiro-viajante*.

29/12/2004

Folha de S.Paulo

A morte de Susan Sontag

Não posso dizer que Susan Sontag era minha amiga, propriamente. Mas éramos "conhecidos". E esse conhecimento se deu através de Samuel Beckett, seu fascínio pela obra dele e pelo fato de eu conhecer o mestre. Falo da década de 80, quando todos os ícones estavam vivos e eu estava em cartaz com a *Beckett Trilogy* no La MaMa, estrelada por Julian Beck, um grande amigo (esse, sim, enorme amigo) de Susan.

Susan vinha visitar a produção várias vezes, e íamos tomar café numa espelunca anexa ao teatro, na rua 4, no East Village. Ela me perguntava (a palavra mais certa seria "torturava" com perguntas) sobre Beckett: "Como ele é?", "como anda?", "como senta?", "você conhece o apartamento dele?". Coincidentemente, o nome da mulher de Beckett era Suzanne. Ela me atentou para esse fato.

Dias depois, recebo um telefonema, e ela me convida para conhecer sua ENORME coleção de botas de caubói, quando ainda morava na rua 17 e estava casada com a coreógrafa Lucinda Childs (que mais tarde, em 95, se tornou parceira minha numa produção fracassada, que tinha Luciano Berio como líder, em Florença).

Fiquei boquiaberto e não conseguia muito entender aquela intelectual, de quem eu tinha lido tudo e de quem havia assistido aos debates (ela mediava Umberto Eco na New York University, mas não o deixava falar), ela que divagava apaixonadamente sobre Roland Barthes, com aquele *closet* repleto com prateleiras e mais prateleiras cheias de botas de caubói. "São o meu fetiche e não me pergunte mais!", dizia ela, morrendo de rir. "Quem venceu a batalha contra o câncer (ela escreveu um livro sobre isso, *A doença como metáfora*) e tem um filho para sustentar pode-se dar a esse luxo."

Um dia me chamou às pressas para Boston, ou melhor, Cambridge, Massachusetts, onde fica o American Repertory Theatre. O diretor artístico de lá, Robert Brustein (um teórico importante do teatro americano), a havia convidado a montar uma peça de Diderot. E lá fomos nós. Daniela Thomas, eu e Alisa Solomon (minha amiga e crítica do *Village Voice*), decepcionados com a produção, não sabíamos o que dizer no final do espetáculo.

Mas a *flamboyance* de Susan não deixava espaço para que alguém inserisse qualquer tipo de crítica. O público dormia, e a crítica tinha caído de pau. Susan precisava de carinho e elogios. Alisa, vidrada em Sontag, procurou desviar o assunto e falar da sua obra como semióloga, e isso a irritou bastante. "Os críticos não iam tolerar a minha incursão no teatro. Seria demais para eles. Eles tinham que me destruir!"

De volta a Nova York e separada de Lucinda, recebo um telefonema dela: "Venha ver o meu novo apartamento na King Street, no SoHo. Agora estou morando do lado da Grove Press, ou seja, um pouco mais perto de Beckett."

Achei engraçada a facilidade com que Susan tratou sua separação e a mudança. Era época de plena "guerra" entre ela e Camille Paglia na imprensa americana. Ela, dessa vez, me perguntou sobre Machado de Assis. Envergonhado, disse que não sabia muito sobre Machado e que era melhor continuarmos a falar sobre Beckett. Foi lá que ela teve a primeira ideia de encenar *Esperando Godot*. Só não sabia ainda onde.

Anos se passaram e ela aparecia esporadicamente. Viu o *Flash and Crash Days* no Lincoln Center e me mandou um cartão: "Não achei a produção à altura da *Trilogia Kafka*, me ligue." A essa altura, já estava casada com a fotógrafa Annie Leibovitz e morava no complexo *posh* aqui nessa mesma rua 23, onde moro, só que no lado do Chelsea. Annie, por sua vez, já havia sido namorada de Bia Feitler, a brasileira que revolucionou a diagramação da *Harper's Bazaar* e *Rolling Stone*, e nos deliciamos em conversa fútil.

Sempre foi ativa em vários aspectos da vida intelectual, mas perdemos contato nestes últimos anos. Eu a seguia pela imprensa e vi que foi uma das vozes mais lúcidas e ativas quando os aviões abateram o WTC, e continuou sendo uma das vozes dissidentes e lúcidas na América até o fim.

24/07/2008

Todo mundo dopado, dopaminado

"Me sinto estranho às vezes, ansioso, não sei o que fazer, quero espancar as paredes", me diz um dos meus vizinhos, ex-editor da revista *Print*, Marty Fox. Com seus 76 anos bem vividos, esse editor, e também autor de teatro, é um ser extremamente ansioso.

"Marty, por que você não tenta tomar Rivotril ou um outro 'benzo' qualquer?" Ele não quer. Não quer saber de Valium ou Frontal, Lexotan ou esses que baixam a bola.

Mas Marty parece ser um caso único.

A sociedade moderna está dopada. Ou dopaminada. Ou minada por total! Pior que isso: está psicotropicamente congestionada. Quem dera a palavra psicotrópico tivesse sua base aqui nos lindos balneários caribenhos ou brasileiros, movimentos tropicalistas, mas não: mais tem a ver com o famoso livro *Tristes trópicos* de Claude Lévi-Strauss, o mais famoso antropólogo do século XX.

Falo de experiência própria: faz uns dois meses encarei uma psiquiatra em Nova York. Tudo bem. Depois de uma hora e meia de "entrevista", ela anotava algumas coisas que eu não considerava de nenhuma relevância:

1. Você tem pânico quando está no meio de pessoas?

2. Você tem pânico quando está abrindo a porta ao sair de casa?

A vontade era de bocejar. Tendo passado por verdadeiros mestres freudianos e lacanianos e tomando um poderoso Topamax + Rivotril, desde que vi, da minha janela no Brooklyn, a queda do World Trade Center naquele dia trágico (e ainda tendo que trabalhar como "voluntário" no buraco — *ground zero* — por 21 dias), eu estava um caco, um estilhaço. Quatro dias depois de 11 de setembro eu era o próprio personagem rasgado de Beckett, com suas roupas empoeiradas... mente em frangalhos!

Bem, voltando à tal entrevista com a tal psiquiatra: saí de lá com uma receita de Lexapro. Primeiro eu deveria tomar 5 mg ao dia, e subir para 10 mg no décimo dia.

Eu ainda me lembro de ter perguntado sobre efeitos colaterais: "não, não terá nada. Imagine. Se, por acaso, no início, tiver algum pânico, alguma tremedeira, como muita ansiedade, parta uma pílula de Rivotril ao meio e tome", ela me disse.

Estranho, porque entrando no site do Lexapro, dizia-se que o medicamento era usado justamente para combater o pânico e a ansiedade!

Tomei por 21 dias e chutei o pau da barraca! Não aguentei. Claro que, por alguns dias, o mundo ficou lindo, deu aquela fome de comer *fondue* e traçar todos os queijos suíços, mas e a libido?

Assim como já havia acontecido com o Prozac, a libido foi dar uma caminhada na Sibéria. Ao contrário do Zoloft (que também experimentei por um tempo, mas abandonei porque é como uma sinfonia de Brahms: não se chega ao orgasmo nunca!), o Lexapro é, sim senhor, um tremendo broxante!

Curioso: faz um tempinho, um amigo muitíssimo querido, também analista, me deu um Viagra para experimentar. Um dia experimentei. Confesso que minha visão ficou tão embaçada, tão completamente turva, que perdi a mulher que estava na minha frente. Me deu até um pouco de náusea e... tudo foi pra baixo!

Voltando para os psicos, ou psychos (como a gente chama os loucos nos EUA), a sociedade parece mesmo não se aguentar! Só mesmo se juntando a essas *pequenas sociedades secretas* é que se descobre que todos os amigos também estão tomando.

"Lexapro? Porra, tô com ele e não abro, já faz dois anos", não foram duas ou três pessoas, foram mais de dez. E quem não falou do Lexapro, falou do Effexor, do Praxil, do Wellbutrin ou sei lá do quê; está todo mundo dopado, ou melhor, todo mundo *"seratoninando"* com esses SSRs!!!

Que loucura! É mais ou menos como entrar em *qualquer outra sociedade secreta*! Terreiro de umbanda, por exemplo: caminhos sigilosos para chegar não sei até onde... e, de repente, chegando lá: generais quatro estrelas, policiais, artistas, arquitetos renomados, sorveteiros, políticos etc. Parece o próprio *O balcão* de Jean Genet!!!

Isso tudo me remete a uma única coisa: ao meu mestre Samuel Beckett, cada dia mais montado e cada dia mais trivializado! Abro as páginas dos jornais do mundo e dá-lhe Beckett. Desde os *Dias felizes*, com a Fiona Shaw, até o Micha Baryshnikov, fazendo os Beckett *shorts* (é Joe), ou Peter Brook, passeando pelo Brasil e pelo mundo com seu *pocket* Beckett e Ralph Fiennes e Liam Neeson interpretando, entre outras coisas, *First Love* (*Primeiro amor*), no Lincoln Center Festival.

Ah, que saudades do Lincoln Center Festival! Eu e as Fernandas (Montenegro e Torres) fazendo o nosso *The Flash and Crash Days*. Eu nem sabia que, aqueles, sim, eram dias... felizes. Explico: a enorme empatia entre os textos cinza de Beckett com os dias de hoje não são à toa! Uma maneira de sair desse tom cinza é tomando antidepressivo. O outro é formar, ou fazer parte, como fiz por anos a fio, anos e anos, dessa sociedade (agora nada secreta) de aficionados por textos de Samuel Beckett, que *celebram o eterno lamento do berço até o túmulo* (*the same old moans and groans from the cradle to the grave*).

Encarar a realidade custa caro: com psicotrópicos, mais caro ainda. Talvez, colocar um manto cinza e recitar no palco, dia após dia, "imaginação morta, imagine", ainda seja a farsa mais holística de encarar a vida de frente, já que sabemos como somos e quão frágeis somos perante a imensidão do desconhecido de nossas próprias mentes.

22/04/2009

Tortura sob Bush

Nova York. Não será fácil escrever este *post*, já que me comove, emociona, essa questão da tortura. Por seis anos da minha vida fui militante (eram 24 horas por dia, não se dormia) na Anistia Internacional, em Londres. Naquele secretariado internacional, na sede, eu convivia com todas as atrocidades, notícias, mutilações, assassinatos vindos de todas as partes do mundo. Meu trabalho era fazer contato com prisioneiros, advogados, exilados, parentes de desaparecidos nos porões, nos cárceres etc. Foi duro. Hoje, então, começa um longo processo de (espero) desmantelamento de uma máquina que espalhou pelo mundo uma técnica que nos causou tanto mal.

Existem os terroristas. Quero que morram! Mas eles não são "o" governo. Agem por conta própria, e merecem o castigo ou o *punishment* apropriado! Não há nada pior que um governo se rebaixar ao nível de uma organização terrorista e agir como tal.

Começa o processo de denúncia contra o ex-presidente. Já nos primeiros cem dias de Obama na presidência, uma "espécie" de revolução se torna visível. Viva!

Então, é isso: o presidente Obama abre caminho para ações judiciais contra os torturadores, ou contra aqueles que praticavam "técnicas duras de interrogatório" do governo passado! Ah! Vamos ver quem vai surgir desse porão de sujeiras!

Obama disse ontem, numa coletiva em todas as redes, que apoiaria uma comissão de investigação bipartidária. Mas é óbvio que os republicanos estão com o cu na mão! O diretor da CIA escreveu que a tortura levou a "informações valiosas". Que loucura! Leio tudo isso meio que... de boca aberta. Tortura nunca mais!

E no entanto... ainda se tortura e... aqui, debaixo do meu nariz. Sim, óbvio! Todos vimos as fotos de Abu Ghraib e Guantánamo e não sei quantas outras bases. Aqui perto de onde escrevo, em Riker's Island, ou Sing Sing (prisões de Nova York), é comum ouvir-se um *lock down* (prisioneiros são "recolhidos" de repente), que significa que um ou dois são levados a "celas especiais" e de lá vão para salas médicas.

(Enquanto escrevo, passa aqui no East River um enorme barco da *Coast Guard*... humm... será que serei o próximo?)

Imaginem a vida de uma pobre rolha. Ela segura ali um belo vinho (digamos um Barolo ou um Tignanello ou um Brunello de Montalcino) por anos e anos e mais anos. Eis que de repente alguém vai — cruelmente — e enfia-lhe aquele saca-rolha, pontudo, afiado, aquela coisa de metal encaracolada, penetrante, e... vupt! Como se num golpe entre o vácuo e o gozo, a rolha se foi! Semidestruída e *homeless*, ela nada vale. Toda a atenção está no vinho. Sim, decantar o vinho!

E 98% das rolhas vão para o lixo! Apodrecem, sofridas, amputadas, meio putas, Gregor Samsas que são, irão ao encontro de baratas e outros bichos! Sim, tiveram o privilégio de segurar um litro do mais caro e delicioso vinho por uma década. Agora estão fora da militância. Estão no lixo! Tortura! E tortura que termina em morte.

Obama abriu caminho ontem para processos contra autoridades do governo Bush que criaram o marco legal para torturar suspeitos de terrorismo em interrogatórios. Nosso presidente disse que os EUA perderam "o patamar moral" com o emprego de táticas como simulação de afogamento (*waterboarding*) e "outras", como *sleep deprivation* (material de comédia para o programa do David Letterman de ontem, que disse ter o mesmo problema: o de não conseguir dormir), que eram chamadas de "técnicas duras de interrogatório" pelo governo anterior.

O comentário de Obama foi feito um dia após reiterar, na sede da CIA — *onde foi ovacionado* —, que os funcionários da agência envolvidos nos abusos não serão punidos por isso. Pena! Mas em qual país algum torturador já foi punido? Me digam. Me contem. Nem a PIDE em Portugal... (bem, esqueçam Portugal porque ele não existe) mas Argentina, Chile, Espanha etc. Alguém da Stasi foi punido? Até Werner von Braun foi para a Nasa em vez do cárcere! Aliás, foi por causa de Von Braun que colocamos o pé na lua. "Quem tem os melhores nazistas? Os russos ou os americanos?" (*Com Wolfe, em The Right Stuff.*)

Phillip Agee, *Diários da CIA*: quem ainda não leu, leia. É, no mínimo, interessante. E quem não sabe do envolvimento ou do tamanho do grau de envolvimento entre os engenheiros da tortura (CIA, como eles ensinavam as práticas) e os militares sul-americanos nos anos da ditadura do cone sul, investiguem e se informem.

Nos DOI-CODIs, nas OBANs, nos DOPs etc. houve muita criatividade, como o pau-de-arara, por exemplo.

Mas para mim é doloroso entrar nesse assunto, por motivos óbvios.

Ontem, Obama deixou a cargo do secretário da Justiça, Eric Holder, avaliar se os mentores dos interrogatórios com tortura devem ser processados. Holder agirá "dentro dos parâmetros de inúmeras leis e eu não pretendo prejulgar isso", disse. Ele declarou também que apoiaria uma investigação parlamentar bipartidária do programa de detenção de suspeitos de terrorismo da era Bush. A porta aberta ontem por Obama aparentemente contrariou a declaração de seu chefe de gabinete (equivalente no Brasil a ministro-chefe da Casa Civil), Rahm Emanuel, que dissera, no domingo, que o governo não apoia processos contra "os que planejaram essa política". Assessores da Casa Branca depois informaram que ele tinha se referido aos superiores da CIA, e não às autoridades do Departamento de Justiça, autoras dos memorandos que os autorizavam. Ontem o *New York Times* revelou que o diretor da CIA, Dennis Blair, escreveu um memorando a seus funcionários, também na quinta passada, no qual dizia que as técnicas, agora banidas, forneceram "informações valiosas". Na versão distribuída à imprensa não havia esse trecho, e a agência disse que o documento passou por processo normal de edição. A revelação deve munir as críticas de políticos republicanos e ex-funcionários, como o ex-diretor da CIA Michael Hayden, que alegam que a revelação dos memorandos compromete a segurança nacional. O ex-vice-presidente Dick Cheney (esse merda!) já havia pedido a divulgação de documentos que provariam que os órgãos de inteligência obtiveram dados importantes nos interrogatórios em que houve prática de tortura. A revisão da política de combate ao terror de Bush representa um enorme problema para Obama. Mas o fato é que Obama mostra uma enorme coragem em querer desmantelar essa máquina do mal, essa "merdalha" que levantou o lado ruim desse país maravilhoso, mas que também teve o macarthismo e manteve uma guerra fria (parcialmente por inabilidade e arrogância de seus líderes em dar uma surra nos outros do lado de lá, que nada tinham a não ser um medíocre programa aeroespacial).

Arrghhh! O muro, o Pacto de Varsóvia, *quantas vidas perdidas em nome do quê?* E tantos ismos e xismos! *Pronto. Basta! Entramos numa nova era!*

Bravo, Mr. President!

28/09/2008

Pedófilos

O não dito sempre foi mais interessante do que o dito explícito. As pessoas insistem em discutir isso e aquilo sobre a vida particular de outras pessoas e policiam o posicionamento que tomo em relação a isso ou àquilo. Chamo isso de invasão: de curra, de estupro!
Eu insisto sempre em desdizer tudo, pois estou na contramão desde que nasci. Eu disse: contramão!
Por que diabos questionam? Melhor ainda: com que direito questionam a minha vida pessoal? Se sou amigo desse ou daquele? Se tomo essa posição ou se "fico" nessa ou noutra posição? (Ha!) Como alguém se mete na minha vida? (Epa!) Quem tem esse direito?
Digo isto em resposta a e-mails recentes furiosos que recebi de todos os lados porque defendi, defendo e defenderei o livro, o ser humano e a existência do escritor expressionista e intelectual Reinaldo Azevedo. Assim como me colocaria a favor de Jackson Pollock e Marcel Duchamp (ou preencham os parênteses com o nome de quem tem ou teve voz!).
Já vejo as cartas entrando: "Como? Você vê o Reinaldo como um Jackson Pollock?" A internet é rasa demais para uma primeira vista. Ela é míope! Mas, com o passar dos dias, a poeira vai baixan-

do. As pessoas vão relendo o texto, vão entendendo o que quero dizer. E o que quero dizer? Hein? O que quero dizer? Tenho um leque eclético, ecleticíssimo de amigos e de pessoas que admiro. E ninguém tem porra nenhuma a ver com isso! O posicionamento político deles vai desde a crença em Dalai Lama até Jesus Cristo ou ateísmo total. E daí? Tenho amigos que se trancam em casa no Shabat, às sextas à noite.

Tenho amigos que estão em jejum agora, no final do ramadã, feriado islâmico. Tenho amigos artistas, não artistas, porteiras, portas, porcas, orcas, cãs, as, s, de Melville para baixo todos os mamíferos são, em princípio, interessantes para alguém que escreve para o palco.

Poucos são amigos. Esses são poucos. Reinaldo é um dos poucos.

Quantas pessoas neste nosso mundo têm uma voz?

Quantas pessoas peitam um sistema? Enfrentam-no com coerência, são fiéis ao seu próprio tipo de humor picante e de uma inteligência raríssima e "invejante" (termo que saiu agora: aqui em Miami, os termos saem, escapam)?

Claro que Jackson Pollock nada tem a ver com Jackson Pollock. Reinaldo também nada tem a ver com o próprio Reinaldo. Eles mesmos variam de dia para dia. Pollock está morto. Reinaldo, espero, nos acompanhará por mais 139 anos. Pollock nos marcou pelo expressionismo abstrato, a turma da *Cedar's Tavern* de Clement Greenberg, uma turma radical que não admitia figurativismos. Eles vomitariam aqui na *art déco* de Miami. Aliás, eles vomitavam muito.

Mas, vocês perguntam: o que têm os pedófilos com isso? Chego lá.

Já, não! Gosto e admiro Greenberg, Harold Rosenberg, Reinaldo (cujo livro espero que vire uma enciclopédia!). E por que isso deixa tanta gente furiosa? Por que eu deveria ser um cara muito louco, cabeludaço, armas na mão com uma camiseta de Che Guevara cobrindo meu torso?

Pedófilos, agora sim!

Olhem só que chocante: andando aqui pela Lincoln Road, a rua de pedestres e pederastas, a "fauna" e a típica armadilha de turista (diferente de Ocean Drive), eu sendo filmado por uma equipe de documentaristas, notei que uns *pimps* (cafetões) estavam, literalmente, prostituindo meninos e meninas, como dizia Renato Russo.

Tinha crianças soltas para serem "alugadas" em plena Lincoln Road depois de meia-noite, em Miami Beach! O que fazer? A polícia sabe. Óbvio que sabe. Aqui é o santuário, uma espécie de oásis onde tudo é permitido. Por um lado, esse "cano de escape" é necessário. Por outro, eu fico pensando: os piores crimes acontecem de forma oculta. Acontecem através da internet, quando ninguém está olhando no interior de, digamos, North Dakota... e do Brasil. O Brasil é o segundo no mundo em crimes contra... quero dizer... segundo no mundo na questão de exploração de sexo infantil. Caramba! O medo que eu tenho que a M... e lá no Rio seja... não, essa frase não será concluída.

Não tenho estatística, não tenho números, mas tem quatro andares do FBI em Washington D.C. só para isso, digo, para *track down* esses criminosos!

Como tenho uma "criança" (dentro de mim e outra no Rio), isso me deixa em estado de choque.

Pena de morte! Ou corta o pau fora.

Antes de sair de NY, vi um capítulo de *Law & Order SVU* que me deixou particularmente chocado. É quando o detetive Eliot Stabler entra *undercover* numa clínica de reabilitação de *child molesters* ou de *rapists* e acaba por incitar um deles a voltar a praticar seu "último crime". A cena é explícita e chocante. A tal ponto de cumplicidade que os dois saem para "caçar": o criminoso pega no pau do Stabler para ver se está duro e "entrega" a menina de "presente" para o detetive.

A menina amarrada é jogada no fundo de uma van... (cena realista e chocante de ver na TV). Até o discurso eloquente do molestador de como a nossa sociedade, com seus *outdoors, billboards,* campanhas todas orientadas para e pelo sexo, para tudo que é lado, bocas virtuais nos beijando, pernas femininas se abrindo, saltos altíssimos tipo *fuck me,* bocetas falantes, tudo isso para levantar pau de homem e vender desde carro até sabão! Ou máquinas de café expresso!

Como curar um molestador numa sociedade orientada para o sexo, onde tudo é criado em agências de propaganda da Madison Avenue?

Ora, não sou trouxa. Já usei drogas, como a coca, para sentir melhor o "sexo" e quebrar tabus. Não sou imbecil e muito menos hipócrita. Não poso de santo. Mas existe uma coisa que não pode ser quebrada: o trauma de se abusar de uma criança! *Traum,* em alemão, é sonho. Trauma, em alemão, é exatamente o mesmo. Uma letra, uma diferença. A mesma diferença que a idade traz.

Também não sou ingênuo para ignorar que temos fantasias. Que rolem! Entre a fantasia e o ato existe o deserto do Saara. Para quem pratica essa fantasia existe um sistema jurídico.

Criança, violência e exploração, jamais!

Numa parte mais *light*: vocês leitores, um dia, espero, vão ter que se acostumar com a diversidade. Sim, ela mesma. Exemplo? Tá bom!

Ontem, fui conversar com a Dianne, gerente aqui do Starbucks, na quina da esquina de Ocean Drive com nada, mas quase rua 15. Enorme, branca. E o Benny enorme, negro, ambos do Tennessee. Amantes? Não. Provavelmente gostam do mesmo sexo. Nos demos bem na hora. Não sei o que é que clica! Um sorriso, a "atitude": nos confessamos uns para os outros em questão de segundos.

Disse, em questão de segundos (e me peguei fazendo justamente aquilo que odeio que façam comigo). Eu insistia para que fossem a Nova York. E dizia: "Como? Vocês não conhecem Nova York?" Dianne respondia: somos de Nashville e achei essa "bolha de liberdade" aqui em South Beach. Ela, assim como eu, é filha da contracultura dos anos 60, anti-Vietnã, antitudo. Continuamos assim. De que tribo somos? Nos termos de John Hemingway, somos de uma "estranha tribo". John, aliás, é daqui, de Miami.

Era nítido, aliás, como Dianne e eu nos comovemos com o encontro: às 5 da tarde de hoje, domingo, terá mais!

Os amigos podem divergir em tudo. No entanto, existe um coração, porque somos movidos e comovidos por ele. O intelecto produz alguns obstáculos, assim como produz lareiras, assim como produz vaidades, assim como produz poesia concreta, assim como produz os silêncios nas peças de Harold Pinter, assim como produz o não dito, que foi como comecei o artigo.

Nos é permitido brincar! Logo ali adiante uma brincadeirinha de mau gosto. Claro que de mau gosto!

Não endosso o capítulo "crueldade", assim como não endosso muitos ovos que já fritei, assim como não endosso muitos camarões que já assei, como não endosso muita coisa que já fiz. Mas fiz. Se um dia me puserem na cadeira do Juízo Final ou na cadeira de madeira no Tribunal de Nurenberg, vai sair muita, muita, muita sujeira.

Mas esse sou eu hoje!

E isso, muito imbecil por aí não parece entender.

Quando chamam Reinaldo Azevedo de "reacionário", deveriam dar uma bela olhada no espelho e dar uma repensada no termo e em suas pobres vidas e em suas roucas vozes! Reaça? Ha! Não me façam rir!

Crueldade (eu escrevi, pensei, mas não endosso).

Parado, ontem, também no meio da fauna entre músculos e musculosos, eu observava o movimento dos traficantes e *de las puchas*. De repente vem uma surda e me deposita uma placa na mesa: *i'm deaf* (sou surda).

Respondo: *Good. You don't need to hear all this horrible noise all around you!* (Que bom. Você não precisa ouvir esse barulho horrível ao seu redor.)

Penso em outras possibilidades:

Um cego: Ótimo! Você não precisa ver essa escrotidão que anda por aí!

Mudo: Maravilha! Um a menos para falar merda.

Paralítico: Sorte sua! Não precisa se preocupar em "malhar", se preocupar com "gordurinha localizada"!

Confesso uma coisa: quem "exige" que eu seja de um lugar só é porque tem medo do mundo. Bobagem! O mundo é habitado por seres humanos. Eles são tão bons ou ruins quanto esses aí, da tua rua. Mas as diferentes culturas e costumes são interessantes, e quem tem medo de conhecê-las morrerá pobre de espírito! Mas uma coisa é certa, medo da morte eu tenho. Medo daqueles que me impedem de viver a vida eu tenho. Da vida, jamais!

Gerald Thomas, South Beach, Miami

(100 crianças serão abduzidas nesta cidade hoje e ninguém fará nada!)

Domingo, mais uma etapa!

30/09/2007

As manchas de Pollock e Eisenstein

Córdoba, Argentina. Talvez eu não esteja aqui à toa: os argentinos sempre foram uma plateia incrível e nos deram Cortázar, Borges, Casares, Piazolla, Victor Garcia (o grande gênio que montou o *Balcão* de Genet para Ruth Escobar nos anos 60/70, e foi o que me fez optar por teatro...). Talvez eu esteja aqui para me despedir.

Olho em volta e não sei mais de onde eu sou e ao que pertenço: se é ao Rio de Janeiro que tanto amo (quando eu falo com uma menina de 6 anos, a Mileny, neta da minha mãe, eu choro e me comovo até não sei mais onde...). Quando estou na minha casa em Manhattan é de lá que sou, é lá que minha vida de teatro começou, é lá que estou de fato em casa, andando pelas ruas...

Mas e Londres, aquela da minha adolescência e de tempos recentes? Onde conheço cada beco de cada rua, seja de Herne Hill em SE 24 ou de Hampstead em NW3... ou em Berlim, Munique, ou em, sei lá... São Paulo.

Coloquei uma obra teatral e autoral nos palcos do mundo. Escreveram a meu respeito em jornais e em livros. Nada a reclamar. Mas, sinceramente, olho em volta e vejo uma leva de "nada" recebendo mundos e fundos para reproduzir o "nada" (obs.: não escrever, mas somente reproduzir!), e esses "alguéns" só conseguem essas fábulas de dinheiro porque estão politicamente entrosados com as pessoas certas. Suas obras são fracassos fenomenais. Medíocres, chutam diletantemente para todos os lados, mas nada. Não farão parte de obra alguma em país algum. Enquanto isso, enchem seus bolsos.

Já deu, judeu.

Uma crise de identidade na minha idade não faz sentido ou, se fizer, será a derradeira, prometo. Um leitor — inconformado — do *diretodaredacao.com* mandou que eu me calasse. Talvez ele tenha razão. *Cale-se, Thomas.*

Existe uma lei para proteger a justiça, mas isso não faz muito sentido, se tanto a lei quanto a justiça são corrompíveis.

Quero agradecer a todos aqueles que me apoiaram até aqui, nesses 30 anos de carreira. E escrevo isso de coração. Se tem uma coisa que me emociona hoje em dia é esse blog aqui, com as pessoas trocando ideias, num fórum totalmente DEMOCRÁTICO, onde nem tenho muito metido o bedelho, ou os dedos... Sim, Peter Punk, os dedos, *my Sticky Fingers, sticky from the brown sugar as you make me feel so good*, já que as pedras rolam. Mas longe de serem as pedras filosofais ou fundamentais.

1. Fico pasmo com os desencontros.
2. Fico pasmo com a roubalheira e com os conchavos nesse meu mundinho da arte.
3. Mas, ao mesmo tempo, é um SINAL DE ALERTA: não servimos para NADA, somos o entretenimento da BURGUESIA, mesmo. E pronto. Leiam em *The Age of Turbulence*, de Alan Greenspan, e vejam como o mundo de "verdade" funciona. Nós, do teatrinho, estamos somente divertindo a pequena e a alta burguesias. Que nojo!

Ainda não há um termo para o que eu quero fazer. Mas certamente será (se eu conseguir) tão inovador quanto já foi quando EU me inventei. EU SOU UM AUTOR de todas essas misturadas nacionalidades aí ditas acima. EU sou um autor brasileiro. Acredito que, contando a minha história, estórias, conto a turbulência do meu tempo.

Não acredito em montar clássicos ou adaptar e importar textos de outros dramaturgos: o diretor de teatro, em princípio, é um imbecil. Poderia estar em plena avenida Paulista dirigindo o trânsito. O "pensador de teatro"? Ah, esse, desses temos poucos.

Fiz o que pude, não reclamo de nada. O reconhecimento foi e ainda é fantástico.

Agradeço especialmente ao Sesc-SP (Danilo Santos de Miranda) por tudo e por tudo mais nessas décadas de apoio impressionante. E ninguém poderá reescrever essa HISTÓRIA.

Agradeço a Samuel Beckett e a Ruth Escobar, a Ellen Stewart, a minha Mamma... e tantos outros que não caberiam nessa enorme lista.

Mas é que o mundo da "oportunidade" se instalou de tal forma que parece um corrimento vaginal sem cura! Das poucas coisas com as quais não sei lidar. E ainda tenho que ouvir através de terceiros: "é, mas o Gerald Thomas não tem propriamente uma dramaturgia!".

Que merda de frase é essa, meu líder? E que ouvidos você dá a esses merdas que dizem isso? Leia sobre o quanto a minha dramaturgia está sendo estudada. É só consultar o www.geraldthomas.com. Eu escrevo. Não adapto. Não monto textos de outros, portanto tenho uma ESTÉTICA sim, e fortíssima, e uma dramaturgia que, temo dizê-lo, foi motivo de elogios até de (não, não vou dizê-lo), me seguro no meu conhecimento do passado e saio convicto de que os criadores viveram uma vida feroz, triste, infeliz e sempre em busca de algo mais em seus trabalhos e não o *glamour* das estreias e das fotos posadas para as colunas sociais.

Para cada um desses merdinhas que diz que não tenho uma dramaturgia, meu líder, pergunte a eles o que fazem e o que fizeram, e pergunte aos maiores atores do mundo o prazer que tiveram em dividir o palco comigo (descontando o Fagundes em 1985), e por que mantenho parcerias tão longas e odeio dogmas.

Sim, estou fragilizado, estigmatizado, arranhado por um beco onde me meti ou fui metido, um estereótipo ao qual realmente não pertenço: sou muito mais que isso porque... porque. Porque me emociono profundamente com aqueles que QUEBRARAM seu espelho e/ou cujo espelho foi quebrado por eles à revelia. Me emociono com o Tom Zé, com o Tom Jobim, caio de chorar com o Hendrix ou com o Cartola e com uma noitada com o Ivo Meirelles (amigo de tantos anos), ou uma música do Chico, e outra de Caetano: é tanta coisa...

Estou engasgado e não sei se consigo ir até o fim: as letras de Vinicius, os poemas de João Cabral, e de Haroldo de Campos ou o ensaio de Derrida sobre Haroldo de Campos... (e ainda afirmam que não sou brasileiro!) ou os filmes de Glauber e Cacá.

Fiz o que pude, coloquei, assim como minha alma mandou, os mandamentos da minha alma no palco e nas colunas e nos jornais essas décadas todas. Mas isso não é o suficiente. O mundo verdadeiro está na política e nos pactos dos políticos/economistas e nós ficamos aqui entretendo a burguesia, achando que estamos revolucionando? Não estamos revolucionando nem os *valets* dos caros automóveis de nossas plateias.

Muitíssimo obrigado mais uma vez, mas
Hay Mediocridade, Soy Contra!

E, para terminar, faço um *copy and paste* de um comentário do brilhante Carlos (nauseamail):

"Contrera: em várias das suas mensagens você desculpa-se a si mesmo por estar discutindo o tema. Fique tranquilo, a Arte, seja qual for, seja como for, vai continuar vivendo e morrendo independentemente de qualquer coisa que escrevamos aqui ou em qualquer outro lugar. Mas usar do RIGOR para definir se um evento é Arte ou não parece-me produto da academia. Assim como é produto da academia definir se Aleijadinho é barroco mineiro ou não. Aleijadinho era um artista supremo que criou obras que têm UMA CARA: a cara de Aleijadinho. Talvez não sejam suficientemente rebuscadas para adentrar no reino barroco nos moldes europeus. E isso POUCO importa porque constituem uma obra única, ou seja, quiçá Aleijadinho não se enquadre no barroco. É o barroco que tem que se enquadrar em Aleijadinho, ou então que se crie um novo nome.

O RIGOR, nesse caso, existe para ser esfacelado ou pelo menos pervertido".

Carlos

E assino embaixo,

Gerald Thomas

07/07/2006

Só nos contam a metade...

Nova York. O jogador Ronaldo estava andando pelo Meat Market District aqui em Manhattan. Estranho. Esse lugar é *fashion*, mas explico o que tem lá: vacas mortas (entreposto de açougues), estúdios fotográficos, *nightclubs* (alguns bem subterrâneos), SoHo House, modelos andando pelas ruas e lojas de grife caríssimas. Qual das "coisas" citadas acima Ronaldo procurava? O Meat Market District de Manhattan está para Williamsburg (Brooklyn, onde morei por 22 anos: o que estou fazendo de volta a Manhattan?) assim como a Coreia do Norte está para a Coreia do Sul, sendo o East River a zona desmilitarizada. Que nada. Quanta bobagem.

Mas faz um ano hoje que o metrô de Londres, King's Cross, Aldgaté e Russell Square foi bombardeado. *Meus mais que dois minutos* de silêncio. Depois veio a morte do menino brasileiro: estamos em plena era bélica. Talvez daqui a uns anos o Meat Market terá pedaços de pessoas penduradas naqueles ganchos e não mais... e hoje, em Beirute, prenderam alguém que queria explodir os túneis Holland e Lincoln... o acesso a NY para quem vem de New Jersey. Fora isso, só resta a Ponte George Washington e o Path Train. Separar NY de NJ é um tremendo plano terrorista! Principalmente para quem passa os sábados à noite aqui em Manhattan e tem que aguentar os jerseyanos bêbados e racistas com seus carros e manobras de merda!

O correspondente em Seul do programa *Nightline*, um *must* no jornalismo televisivo (Ted Koppel), disse uma frase na edição de quarta-feira que não me sai da cabeça. O âncora em Nova York perguntou sobre o perigo imediato dos mísseis que a Coreia do Norte estava lançando para o país-irmão do sul, já que a primeira leva tinha sido um fracasso: todos despencaram e explodiram prematuramente. O correspondente mostrou as manchetes dos jornais com enormes advertências e alertas. Afinal, se errarem a direção e não caírem no mar do Japão, como aconteceu, podem simplesmente explodir no meio da cidade de Seul ou vizinhanças.

Mas a frase do correspondente que me atraiu tanto foi a seguinte: *"O povo aqui na Coreia do Sul não parece preocupado com os mísseis, parece que está mais antenado nos jogos da Copa do Mundo."*

Passei um tempo em Seul, num dos hotéis mais estranhos da minha vida (Hotel Shilla), montado numa das quatro montanhas que cercam a cidade sagrada — e horrenda — com seus telhados azuis e pré-fabricados: arquitetura impessoal. Raramente se descobre um mosteiro ou algo antigo. As avenidas são largas, estilo China e Moscou, e em cada esquina camelôs, muitos camelôs, vendendo de tudo, desde relógios até polvos e lulas ressecados. Imagine: o Lula ressecado! *Sei que brasileiros* estão pouco se lixando para o resto do mundo. Não querem saber de mísseis, Coreia do Sul, do Norte ou, como disse outro dia uma senhora na minha plateia em São Paulo: da guerra no Iraque. Depois reclamam que ninguém fala deles, que não fazem parte do mundo. Mas não fazem parte mesmo! E a opção de exclusão é deles. Não do mundo. E isso é uma lástima. Os jornais mais "sérios" do Brasil agora trazem os resumos das novelas em seus cadernos culturais. Todos se curvam perante o QI abaixo de zero que reina nas republiquetas. E os intelectuais entornam seus whiskies e desenvolvem um incrível senso de cinismo de que "não há nada a fazer mesmo". Mas aqui, no centro da corte (como dizia Paulo Francis) o mundo ainda não está achatado e o ovo de Colombo ainda está de pé. Não importa qual administração está de cócoras na Casa Branca. Por menos que se interesse pelo resto do mundo, o povão americano é obrigado a engoli-lo, já que se envolvem em conflitos em todo o planeta, no papel que assumiram como polícia número um do mundo. E o brasileiro acha estranho que o resto do mundo ainda pense que Buenos Aires é a capital do Brasil. Será que o brasileiro seria capaz de dizer qual é a capital do Quênia ou do Iêmen do Norte? O Brasil se basta. Isolou-se de uma maneira mais "branda" e menos maluca que a Coreia do Norte. Mas o princípio é o mesmo. O isolamento cria o incesto e o incesto cria deformações básicas de fisionomia, autoestima e de instinto. E isso tudo dá em paranoia. Pelo fato de não terem ganhado a Copa do Mundo, os jogadores foram xingados, quase apedrejados. Como se Parreira e sua trupe fossem responsáveis por salvar a miséria de milhões de pessoas. Me lembra a era Ceausescu na Romênia, pois se o atleta não ganhasse: Bum! Bang! Esquadrão! Ou a Alemanha de Hoenecker, a RDA, a Oriental. Os atletas alemães comunistas sempre na frente. Apesar de comunistas, paradoxalmente, levando para a frente justo aquilo contra o que os Aliados lutavam na Segunda Guerra: a superioridade da raça ariana. Quanto absurdo! No Brasil? Tudo bem, né? Enquanto existir a novela, o futebol e a bebedeira (porque a desilusão é tão grande e a corrupção não tem jeito mesmo, diria um intelectual no seu quinto copo), a falência múltipla de órgãos se torna um fato. E aquele aparato médico todo que monitora as batidas do coração se torna um objeto estranho, assim como aqueles instrumentos náuticos de um submarino nuclear: silencioso, afundando, afundando com seus tripulantes a bordo suando e sufocando, perdendo o ar... pouco a pouco... perdendo o ar. Eu estou sufocado! Oxigênio, rápido!

21/08/2006

A fogueira das confissões vaidosas

Como minha amiga Jo Abdu me disse há algum tempo: a espiritualidade do mundo está empobrecendo. Depois da morte da minha mãe, há duas semanas, meu mundo virou de cabeça para baixo. Mesmo assim, ainda consigo enxergar esses "machos" brigando por territórios, petróleo, por um deus. Jo Abdu é descendente de libaneses e está, obviamente, desgastada com o que tem acontecido lá.

Eu também estou. Aliás, no domingo passado, o Mike Wallace, do *60 Minutes*, da rede de TV CBS, entrevistou o presidente do Irã (cujo nome não me entra na cabeça, *sorry*). Confesso que fiquei boquiaberto. Esse presidente, que é ironizado feito um peão imbecil, por todos os líderes do Ocidente, por afirmar que o Holocausto nunca existiu e que Israel tem que ser varrido do mapa, disse na entrevista, pela primeira vez, que tudo é uma questão de contexto. Para ele, se o Holocausto aconteceu na Alemanha, então Israel deveria também ter sido "instalada" lá, na Alemanha. Nada mais lógico para ele e os que o seguem. Cada povo com sua verdade. Cada líder com sua retórica. E cada retórica em busca de um personagem pirandelliano.

Mas ele, o presidente do Irã, usa a lógica dos oprimidos, e não a dos extremistas islâmicos, apesar de apoiar financeira e belicamente o Hezbollah. E justamente por usar um discurso que deixou Mike Wallace mudo, mas usar táticas por debaixo do pano, é que os líderes ocidentais, como Bush e Blair, não saberão nunca lidar com ele, a não ser através da força, através de ameaças e, possivelmente, de uma outra guerra.

Essa guerra, antes de mais nada, é uma guerra de valores. O que queremos? Quem somos? Quem são eles, os tão temidos extremistas islâmicos e seus valores que a imprensa ocidental chama de medievais? Queremos mesmo a submissão total da mulher? Queremos mesmo abdicar dos direitos e das liberdades civis conquistados nas últimas décadas? Será que é mesmo assim, ou será que estamos sendo enganados por uma propaganda da mídia ocidental, assim como grande parte da população árabe está sendo enganada por uma propaganda extremista, cujos exageros beiram o drama teatral malfeito, o Grand Guignol, a farsa amadora? Será tudo uma mídia mal construída? Ou estamos no meio do terceiro ato de um drama verdadeiro e de terríveis consequências? Bush não me parece ser um autor de verdade. Mas quem será o autor de verdade que escreve suas linhas? Karl Rove? Mesmo? Já era o tempo em que gente com cultura escrevia, os tais chamados *ghost writers*. Muitos deles, como William Saphire, por exemplo, acabam escrevendo colunas sobre *language* para as *OpEd pages* dos grandes jornais americanos justamente porque sabem que política não passa de um jogo de semântica e um xadrez de retóricas que deformam a opinião pública, transformando-a em baratas ou insetos, como Gregor Samsa, o besouro de Kafka.

É pirandellesco o que acontece no Ocidente mesmo. Um professor — John Mark Karr — revela na Tailândia que estava com a menina Jonbenet Ramsey quando ela morreu na mansão em Boulder, Colorado. Essa estória tomou conta da mídia dos EUA nos últimos dez anos como quase nenhum outro caso. Cogitam que ele seja somente um louco que quer chamar atenção e que "fabricou" esses fatos. Pedófilo confesso, Karr deve ter estudado cada minúcia do caso, e agora aparece na frente das câmeras do mundo como se fosse um *pop star*.

Não muito diferente dele, Günter Grass, um aparente gênio da literatura alemã, de repente, momentos antes de lançar sua biografia, revela que pertenceu à elitíssima Waffen-SS. Esse escritor (que eu conheci pessoalmente em Weimar, no Deutsches National Theater, quando lá montei o *Tristan und Isolde*, em 1996, e sei, de fato, que todo alemão se cala quando ele se pronuncia) está lucrando muito com uma verdadeira atrocidade. Mas o que há de novo nessa coisa que Tom Wolfe talvez chamasse de a "Fogueira das Confissões Vaidosas"?

O dramaturgo alemão Heiner Müller, cujas peças eu encenei em *première* mundial aqui em NY e no Brasil (com Tônia Carrero e Sérgio Britto), era da Stasi (Serviço Secreto da Alemanha Oriental, a RDA). Ou seja: dedurava colegas seus para o regime de Hoenecker. Em troca disso, ele tinha o poder de ir e vir, atravessava o Muro de Berlim e mantinha apartamento nos dois lados da cidade.

Heidegger, assim como Herbert von Karajan e tantos outros artistas e intelectuais, era do Partido Nazista. Isso é uma coisa normal para quem foi jovem na Alemanha de Hitler. Não havia saídas. E ninguém cobra mais ninguém por causa disso. O que é hipócrita a respeito de Grass é o fato de ele ter ido além: não somente pertenceu ao partido ou à Juventude Hitlerista, ele se alistou na Waffen-SS e, quem sabe, não matou alguns judeus, ciganos, deficientes e homossexuais? O que ele diz agora tem alguma veracidade?

Assim como a entrevista do presidente do Irã, é tudo uma questão de tempo e de ponto de vista. "Nada prova nada", foi a frase que eu coloquei na boca do Marco Nanini em *Circo de rins e fígados*. "Prova alguma coisa?" E o público, tenso, morria de rir.

Um dia, quem sabe, descobriremos que Saramago já foi salazarista, que Semprum era devoto do generalíssimo Franco e que Jorge

Amado contribuía com o SNI na época da ditadura militar brasileira. Espero que o pesadelo acabe e meu saco de dormir desabe, digo, se desmanche, assim como numa das lindas bandeiras de Arthur Bispo do Rosário: um dos poucos cidadãos saudáveis do século passado.

19/01/2007

Racismo, drogas, solidão no Arizona

Tucson, Arizona. No final de quatro dias agonizantes de conferências, palestrantes, ouvintes e muita exibição de *charts* (gráficos), grupos divididos, subdivididos, e muitos apertos de mãos e abraços aos prantos, o resultado é esse: solidão!

Como? Sim, um grupo de artistas, cientistas, diletantes, escritores e sei lá o que foi convidado aqui para essa cidade de coiotes e cactus e deserto e arquitetura horrorosa para discutir os vícios da sociedade moderna. Nada para ser publicado. Apenas curiosidade de uma colônia local com o dinheiro de alguns filantropistas. Tudo bem. Aqui estamos.

A solidão gera o medo que gera o racismo! E esse racismo gera a violência. E a violência (interna) gera todo tipo de abuso. E por causa dele, ou através dele, o abuso, os jovens escapam de todas as formas possíveis. Se drogam, bebem até cair, são *internet addicts*, assistem a 18 horas de televisão por dia, comem até ficarem obesos, misturam substâncias médicas "legais" até que o corpo as torna "ilegais", usam *crystal meth*, e coca, e heroína, e mais drogas e drogas e mais álcool e mais e mais e assim por diante. E está posto o conflito da Babel de hoje? De hoje? Como assim, de hoje?

Eu pergunto: "mas sem a depressão ou algum tipo de *substance abuse our use* teríamos tido Van Gogh ou Beckett ou Beethoven ou Wagner? (Em *Tristão e Isolda* existe até a droga em si e em cena, ou seja, a poção do amor, ou da morte.) Ou será que Goethe teria gerado o seu Fausto que queria romper com tudo e se tornar eterno a ponto de fazer o pacto com Mefisto (ou Mefausto)? E Freud? E os experimentos psicodélicos de... será que ele..."

"Chega", uma voz masculina me interrompe. O assunto de hoje é racismo. "Ah sim, eu havia esquecido", respondo. *Sorry*. Eu já havia relatado que, na minha chegada na cidade, uma companheira de voo, negra, chegara no mesmo hotel que eu (com número de reserva e tudo), e ao chegar no balcão da recepção (tarde da noite) lhe disseram que não havia mais quarto disponível? Eu intercedi dizendo que era evidente que o hotel não estava cheio e que eu gostaria de falar com o gerente. "O gerente não está mais aqui." "Então, ela ficará comigo, no mesmo quarto", eu disse. "Isso não será possível, Sr. Thomas, pois temos o senhor registrado como *single room*." Pronto para armar um escândalo, ela própria me pediu calma me dizendo que, saindo das grandes cidades, é sempre a mesma coisa.

Eu falei que chamaria a polícia e comecei a discar para o "organizador" do evento. Ela nada tinha a ver com esse grupo, mas estranhamente estava ligada ao assunto que iríamos discutir nos dias subsequentes. Repentinamente apareceu um quarto para ela. O hotel estava praticamente vazio. Isso, em pleno 2007, parece inacreditável. Mas o assunto foi recorrente nessa *border town* que tem sua fronteira "ameaçada" por mexicanos ilegais o dia e a noite inteira. Drogas entram e os "ratos" entram o tempo todo. É assim que se descreve mexicano aqui. Deixei a minha queixa por escrito e deve ter ido para o lixo. Ela? Ela só ficou dois dias e seguiu para a Califórnia, graças a Deus para ela.

Durante esse simpósio decidiu-se que o maior problema atual de falta de comunicação entre gerações está ligado ao fato de os jovens serem mais fechados do que os pais. Que loucura! Antigamente, ou seja, há uma, duas gerações, era o contrário. Eram os pais que não falavam. Hoje a garotada cheira *oxy contin* (droga legalizada, *pain killer*, opiáceo), misturada com litros de álcool, se trava e nada fala. E se fala, fala em código cifrado entre si, através de *chats* da internet que usam consoantes e vogais... voltamos à estenografia: colocam o iPod no ouvido e o mundo fica lá fora, a léguas de distância. Os pais quase imploram para que voltem à maconha. Chega a ser engraçado de ver.

Quanto ao racismo, essa desgraça de doença, maladia, merda de droga que já matou mais que qualquer guerra ou conflito (somente a religião matou mais!), essa parece estar no subcutâneo dos seres do interior republicano, esse *white trash* que sempre parece querer parecer superior (no Terceiro Reich não foi diferente). Ora são os negros, ora são os chicanos, ora são os islâmicos. Quem tem medo de si mesmo tem que ter o inimigo da vez. E assim sendo, pega a garrafa, entorna a vodca ou seja lá qual for o conteúdo alcoólico, pega o rifle (verbal ou literal), vai para a fronteira do seu estado (mental ou com algum outro país) e dispara suas atrocidades mais barbáricas: assim são. E assim sempre seremos, mesmo quando mostramos alguma melhora de tempos em tempos. Como dizem nas reuniões dos alcoólicos anônimos — mesmo sóbrios há décadas, são *recovering alcoholics*. O mesmo vai para o resto da população mundial. Mesmo que cercados de amigos, somos *recovering loners*, os eternos solitários do berço até o túmulo, com alguns momentos de prazer.

P.S.: Hoje comemora-se em Londres a perda do maravilhoso baterista do Traffic, Jim Capaldi. O mundo nunca mais voltará a ser inocente. *John Barleycorn must die*.

29/03/2008

Warhol, maconha, tabaco e os clones imediatistas

Amsterdã anunciou que estaria banindo fumantes de seus *coffee shops*. Como assim? Ouvi direito? Sim, banindo fumantes que misturassem tabaco em seus *joints*.

Teatro do absurdo ou do ridículo não chegam perto. Afinal, Amsterdã é conhecida pela sua indústria turística da droga leve (e pesada). Mas parece que o tabaco — tadinho — pagou o pato. Quem mistura tabaco em seu baseado terá que fumar do lado de fora, na rua!!!

"A maconha tem que ser PURA, fumada pura", disse um deputado, o Klink. Caramba, dito assim parece até praga. Afinal, pergunto eu, qual é o verdadeiro significado de pureza de qualquer coisa hoje em dia, nesses dias tumultuados de subornos, de adulteração transgênica, de guerra entre religiões, entre deuses, da indústria das amputações, da indústria do terrorismo e do transexualismo? Tentar implantar (sem trocadilhos) o conceito de PUREZA justamente ligado à maconha é um tanto quanto risível. Particularmente, odeio esse negócio: retarda a mente, retarda a memória do ator, diretor e de quem protesta. Mas o que fazer? Fui criado no meio de maconheiros.

Aliás, por falar em drogas, existiu um ser exótico e sóbrio que se fez passar por drogado (*appearence is (not are)* — "is" *everything, darling*): Andy Warhol.

Nos últimos anos de sua vida, os anos 80, Andy Warhol começou a fazer litografia e *silk screens* de "judeus do século XX", pode? Parece que sim.

O cara que transformou uma lata de sopa num ícone (a Campbell's) e trivializou um ícone (a Marilyn) numa lata de sopa de prateleira (fez a mesma coisa com a cara de Mao Tse Tung Tung Tung) terminou a vida voltando às origens, fazendo retratos de judeus como Einstein, o juiz Martin Buber, Gertrude Stein, Freud, Kafka e os irmãos Marx (Groucho etc.). Warhol era inteligentíssimo, (ao contrário do que um artigo no *NY Times* tenta dizer) e, por isso mesmo, se associou aos drogados sem ser um, aos intelectuais sem ser um etc. Era um *voyeur* e visionário. E um artista não precisa ser muito mais que isso. Ter a genialidade de WAR-HOLE é suficiente. Saber dar o tiro certo no momento exato e não responder nunca às perguntas de jornalistas, apesar de ter fundado a revista *Interview*, é um *coup de theatre*.

Gênios não morrem. Sobrevivem às intrigas, ou ressurgem nas clínicas de loucos, daqueles que, até hoje, não conseguiram se refazer do ponto de interrogação colocado por ele. Esse bando de medíocres que andam por aí e escrevem artiguinhos se dizendo *brain dead liberals* e não conseguem mídia, a não ser para ser ridicularizados (no Primeiro Mundo) — usados e abusados no Terceiro, onde todos tentam pegar uma lasquinha... e transformar o significado de tudo. Oh, céus! Como me cansa a mediocridade! Como me inspira a genialidade de um Warhol.

Mas para realmente transformar o significado de tudo, tem que ser, antes de mais nada, AR-TIS-TA. Isso é para poucos. Minto. Não é para ninguém não, bando de clones falantes/fumantes!!!

07/01/2007

Seres indesejáveis

Nova York. Estava passando com pressa, sempre com pressa — aqui é tudo pressa — na frente da loja da Virgin Records, na Union Square, tentando entrecortar o intenso trânsito de pedestres para chegar no horário ao encontro com um amigo ator.

Na esquina da Broadway com a rua 14, um cara tentava distribuir de graça uns CDs e sua voz emitia algum som que se parecia com *hey new free* CD *by* João Luiz (pode ser que eu tenha ouvido errado). Ninguém aceitava, nem de graça, ou justamente por ser uma imposição gratuita.

Alguns metros adiante, na esquina seguinte, esperando o sinal de pedestres, com o acúmulo étnico se amontoando, como se estivéssemos embarcando na arca de Noé, pensei na cena daqueles segundos anteriores, ou melhor, no absurdo que era aquilo: estamos tão temerosos um do "outro", ou tão bombardeados por tanta coisa, que sequer aceitamos um CD que nos é oferecido de graça. Quem sabe, o tal músico podia ser bom, legal, "legalzinho", como aqueles do metrô de Williamsburg, Brooklyn, que entrevistei para a TV UOL, em 2000.

Ontem, sábado, ao tentar ver o filme *Queen* (no Angelica's, na beira do SoHo com o Village), quase a mesma cena: um rapaz simpático, rastafári, tentava alguma comunicação com o público que esperava na fila desse dia extraordinariamente quente para um janeiro nova-iorquino (22 graus): "Esse filme, esse DVD, foi dirigido, filmado e interpretado por mim e estou distribuindo, é de graça." Ninguém se interessou, sequer olhou para o desconhecido artista.

Curiosos os lugares que esses seres escolhem para panfletar seu material: "Virgin" Records, como algo prometidamente virgem a ser deflorado. A megaempresa de Sir Richard Branston, que também é dono da Virgin Atlantic (faz a ponte aérea *cool* entre Londres e NY, e outras cidades americanas), de celulares e outras coisas, não tem nada de "virgem" nessa mega Virgin.

O outro é o Angelica's, que de angelical não tem nada: você é posto em salas minúsculas, subterrâneas, com o metrô correndo embaixo e os ratos comendo a sola dos seus sapatos. Quanto cinismo! Mas não sou eu, juro.

Na década de 70, em St. Mark's Place com Segunda Avenida, muitos artistas, hoje conceituados, conseguiram a fama através desse tipo de *approach*: o cartunista Crumb, o "ator" Joe d'Alessandro (dos filmes do Warhol), o próprio diretor Paul Morrisey (diretor dos filmes de Warhol) e bandas como Velvet Underground, além de tantos pintores e autores que panfletavam a esquina mais *junkie* daquela época, a época de *Electric Ladyland*.

Será que transformamos o "outro" num ser indesejável? Será esse o resultado que vemos quando nos olhamos no espelho depois dos estragos de tantos anos de política externa corrompida e gulosa e maldosa, e sei lá mais o que dizer sobre esse assunto?

Hoje vivemos com medo. Quem será que está ao nosso lado nos vigiando ou nos entregando coisas? Será a própria encarnação de Orwell disfarçado de um rastafári como esse *independent film maker*, ou como aquele que, com a camerazinha de seu celular, capturou as últimas imagens de Saddam Hussein antes de ser pendurado no Hajj, o dia mais sagrado do calendário islâmico?

O que pode fazer sentido em tudo isso? *Crazy stuff, man!* *Crazy stuff*, como dizia a Fabiana no *Earth in Trance* nessa tumultuada temporada no La MaMa, em NY, prematuramente cancelada por razões que um dia contarei (nada como uma boa respiração, mas texto, texto, texto realmente não é o tipo de teatro para o La MaMa), e a Ellen Stewart que me deu a vida no teatro considerou aquilo uma "punição". Mas rolou tanta água debaixo dessa ponte que se eu contasse teria que ocupar o espaço de todos os outros colunistas.

Desejo um feliz e, sobretudo, criativo 2007 para vocês, leitores. No mais, a vida aqui e ali caminha (ainda) e isso, como diria Samuel Beckett, é em si surpreendente.

14/04/2005

Homeless, miseráveis

Minha pergunta, ou indignação, é a seguinte: conto pelas ruas das capitais brasileiras pelas quais caminho um número horripilantemente crescente de *homeless*, sem teto, sem terra, sem água, sem porra nenhuma. Não resisti e conversei com um pai de família, na esquina da Maria Quitéria com Visconde de Pirajá:

— Há quanto tempo o senhor estacionou aqui?

— Estou aqui faz um mês, desde que perdi o meu barraco no alto da Rocinha. Tavam me cobrando caro demais e não tive mais pra onde ir.

— O Sr. estava empregado?

— Não. Fazia uns bicos aqui e ali, mas emprego não. Eu esperava que as coisas fossem melhorar, mas pra mim só pioraram. Nunca deixei de ter o meu barraco e de dar comida pras minhas crianças.

A cada dia que ando, corto o número de "aglomerados", esse amálgama de humanos que cresce pelas ruas dos centros urbanos brasileiros. Então o que há? As páginas dos cadernos de economia estão fazendo o quê? Fazendo igual aos tempos da ditadura militar, em que se divulgava nota oficial e isso valia e ia para o prelo?

Quero saber dos dados reais, porque, se os centros urbanos são algum tipo de termômetro, o que não será o mundo agreste? O que não será o mundo real dos MSTs e daqueles que, analfabetos, sequer sabem para onde ir? A verdadeira imprensa, na minha inocente opinião, assim como o *60 minutes*, iria atrás desse pessoal, em vez de ficar soltando dados estatísticos que não servem para porra nenhuma. São ilusão pura, enganam a alma, confundem a mente e mentem como toda propaganda. Goebbels era muito bom nisso. Cheney e Rove também o são. Será que todo mundo está comprando na mesma barraca dessa mesma feira?

28/04/2008

Miami ou Mideixe!

Se Pirandello estivesse aqui não teria o menor problema: teríamos uma nova versão "rave" e ela se chamaria "2,5 milhões de personagens em busca de um autor". Já se meu mestre Beckett estivesse vivo, estaria murmurando — lá em Coconut Grove (onde ele teve a estreia americana, pasmem!, de seu *Esperando Godot*, na década de 50) — algo parecido com o que diz em seu *The Lost Ones*: *Abode where lost bodies each roam looking for their lost ones.**

Mas os dois estão mortos e Miami está cada vez mais MAIS! Mas mais o quê? Estou há cinco dias tentando entender que "mais" é esse. De seis em seis meses, quando acabo vindo para cá, me pego fazendo a pergunta criminosa e capital e mordendo a maçã. Para que querer entrar no Paraíso e para que sair dele? Porque isso aqui é um inferno! Mas nada melhor que o inferno! Ai, que inferno explicar isso! Mesmo para um nova-iorquino ou um carioca ou alguém que faz plantão nas chamadas "muvucas" do mundo, ouçam aqui essa pérola (juro que é verdade).

---

* Morada onde corpos perdidos vagam à procura de seus entes perdidos.

Hoje, domingo de manhã, um casal de brasileiros deitados na areia do Fountainebleau pega o Nextel em viva-voz e fala assim: "Pô, aí! Se não fosse pela feijoada eu taria aí com vocês!!!!"

Pensei, refleti, pensei de novo. Olhei em volta. Homens de quipá (judeus ortodoxos, com suas JAPs — Jewish American Princesses do lado), latinos, gregos, árabes, ingleses, franceses, o diabo. Todos nós servidos por humildes peruanos e colombianos, haitianos etc., ilegais.

Bem, essa feijoada é, evidentemente, aqui, em Miami. Esse cara está hospedado aqui. "Se não fosse pela feijoada aqui, eu estaria aí nessa merda de país, ou seja, o Brasil, onde vocês têm que aguentar essa merda de vida" (livre subtexto e interpretação minha). "Papai e mamãe estão comprando presentinhos pra vocês, viu?"

Meu Deus! O novo-rico! O dinheiro novo. O emergente! Miami é "o" santuário para esse tipo de gente e... ainda parece — em alguns lugares — com a própria Barra da Tijuca! Peraí. A Barra é que parece com Miami, Gerald, será que você não se toca? Ah. Claro! Ah, sim, o novo-rico e eu tentando esconder o livro que estava debaixo do meu braço: *1968, o ano que não terminou* — uma ode aos tempos, um triste depoimento ao eunuco, à idade indefinida, à sexualidade indefinida, escrito por Zuenir Ventura, o mestre. Eu estava vendo, vivenciando o que Zuenir descrevia no livro, só que numa espécie de asterisco do mundo, um asterisco arisco e latino que inclui uma brasileirada fruto do novo dinheiro.

O fato é que Miami está ou é — de longe — hoje a MUVUCA do mundo. Pelo menos, South Beach, Ocean Drive, esse *strip* de milha e meia, que corre paralelo à Collins Avenue e que tem cantos definidos e *spots* definidos, e onde tudo virou indústria.

Desde um extremo da ponta de South Beach: o Joe's Stone Crab (Corner) para onde eu corro todas as vezes que estou aqui... (Como descrevê-lo?) É um Peter Luger do Supercaranguejo.

O Stone Crab é tipico daqui... (O City Crab de Manhattan também serve.) Ah, o Peter Luger, em Williamsburg, Brooklyn, NY: lugar de carnívoro. Reservado com três meses de antecedência. É uma Bavarian steakhouse. Inexplicável fenômeno, o Peter Luger: perguntem ao Boni.

O Joe's é a versão crustácea de Miami do Luger de NY. Mas, andando a pé pela muvuca de Ocean Drive e vendo a putaria, percebo que cada vez menos se fala inglês: pior, cada vez menos se "entende" inglês. Aqui o inglês virou completamente secundário.

O assalto da imigração ilegal está em tudo que é lugar: se ouvíssemos o que o Lou Dobbs está berrando há anos na CNN (e refletíssemos mais e tomássemos mais ação), talvez a coisa não tivesse virado essa mixórdia. Esse país é feito de imigrantes. Essa é justamente a graça da coisa. Mas a ilegalidade da coisa está insuportável. E a demagogia do governo Bush em construir o RIDÍCULO muro que atravessaria o Texas, Novo México, Arizona e a Califórnia só pode ser piada de mau gosto, ou a penúltima idiotice (debaixo de muros se cavam túneis), e já existe a indústria dos túneis, *anyway*!

Dos cinco táxis que peguei, dois motoristas eram brasileiros. Uma era brasileira, de Goiânia: Maria Borges. Conversamos pouco: ela tímida, eu também. Mas onde quero chegar? No Tides? Na mansão do Versace? No bar gay do lado, ou do outro lado, que purula e pororoca de *las putas* e seus *pimps* e "traficas" que não cabem na calçada? Não nego que o cheiro de tesão chega a transbordar pelas calçadas e tem até turma de motoqueiro de máscara para fazer com que a gente se sinta dentro da série *CSI-Miami*. Só falta aparecer o David Caruso em seu Hummer e... Sem falar que em NY não temos uma Lincoln Road aberta tão tarde como aqui com essa FAUNA, polícia correndo atrás de peruas de salto alto — produtos de consumo. Consumo humano, é só pagar e levar para o hotel: mas cuidado, senão elas te esvaziam e você fica a ver os belos navios de Biscayne!

Se tem uma fauna e flora viva é aqui! Mas a troco de quantas vidas mortas? E quantas sociedades moribundas? Não sei responder! Essa feijoada já deve estar pesando na barriga do casal, e as caipirinhas já devem ter subido à cabeça deles e... Ou então já devem ter brigado porque, sei lá. Chega!

A "rave" acabou de manhã, e vi da janela que emendou com um casamento de judeus mas que... *más adelante habia una cerimonia de matrimonio de "cubanos en exilio"*, um acontecendo nos gramados luxuosos do Ritz Carlton e o outro na areia mesmo!

"No meu país, existe fome e miséria, meu senhor", me dizia o simpático mensageiro do hotel, um haitiano. "E no entanto aqui, na nova versão desse hotel, terão SETE novas piscinas e ONZE restaurantes."

Eu já estava comovido com o livro do Zuenir e esbocei uma lágrima com o Patrice, de Port-au-Prince. O livro do Zuenir merece mais que uma coluna, merece um estudo aprofundado. Não pode ser, não deve ser, comentado levianamente.

O que me atrai sempre a Miami? O que atrai esse sexo à flor da pele que faz com que uma mera adolescente mude de roupa e se enturme com a muvuca mais muvuquenta? Ela é, digamos, de uma família tradicional de um país ou estado qualquer. Chegou aqui, pegou a coceira no ar, e lá se foi para a *night*! E em pleno dia! E adeus! Só se verá essa menina daqui a alguns dias. Voltará tatuada e...

O que me atrai me repugna, mas me atrai! A cidade proibida. Todo nova-iorquino vem para cá. Mas agora parece que o mundo inteiro "mesmo" desceu aqui, parece um despacho que não se apaga! Parece o terreiro mais vivo do mundo!

Fauna, zoológico, etnias e nacionalidades: estamos virando muitos, muitíssimos nesse planeta, e se algo tiver que transbordar terá que transbordar aqui: é uma "arca que não é", em vez de "arca de Noé", um dilúvio sempre por vir. A Babel se entreolhando: o zoológico humano se procriando através da ilegalidade, drogas e prostituição.

Se em NY estão todos cobertos, aqui, a nudez nada castigada, vira uma aberração: os obesos pedindo comida e mais comida e falando árabe ou hebraico aos berros, os latinos latindo, judeus de quipá, o bate-estacas constante de uma "rave" enraivecida com os caras se observando, porque as máfias se policiam e visam o lucro. E aqui a luta pela sobrevivência é mais desnuda que em qualquer lugar que já vi. Sempre vejo a mesma cena: muitos Porsches conversíveis num único quarteirão, com calota dourada, turmas desvairadas de russos e de croatas e de nicaraguenses etc.!

Na praia, mais pelanca, maquiagem, unhas longas e mais celulite, e a latinada berrando com seus filhos que passam por nós esparramando areia para inconveniência de todos.

Ah, as drogas e *las putchas*! Só numa única subida de elevador (estou no 34º andar), vêm vários mensageiros: "olha, eu sou o número 48". O outro: "eu sou o número 57" e assim por diante: "o que o senhor precisar, desde QUALQUER *cosa desde la chica más rica and beautiful, you understand me sir, please just call my number any time of day or night and I can get you Anything!!!*"

Ano passado, digo, faz alguns meses, estive aqui, no National Hotel, e fui comer na Jerry's Deli. Acho que meu inferno gastrointestinal começou ali. Os venezuelanos imundos que trabalham na Jerry's Deli da Collins Avenue continuam lá, e continuam imundos.

É engraçado. E essa pergunta eu faço a vocês:

1. Tempos atrás o mito era que os estrangeiros faziam aqui o "trabalho sujo" que o americano não quer mais fazer. Isso é — na realidade do *outsourcing* e da falência da economia — uma tremenda mentira. Tenho amigos aqui, assim como em NY, desempregados e aguardando numa fila de agência de empregos. Digo, aguardando emprego seja ele qual for. Querem nomes? Se for necessário provar

vou à justiça e levo pelo menos uns seis ou sete cidadãos americanos que não conseguem mais romper o cerco das máfias que empregam os ilegais.

2. Daqui a alguns anos não se falará mais inglês em Miami, quem sabe em parte de LA também não. Os excluídos serão os que nasceram aqui e pagam seus impostos. O que vocês acham disso, se esse fosse o caso no Brasil? "E aí, meu irmão? Aquela feijoada?"

Me levanto, com o livro do Zuenir nas mãos, e umas anotações na mão, o rabo entre as pernas de vergonha, e fico com uma enorme pena do fato de Zu não ter visto algumas dessas cenas interessantérrimas, tristes, decadentes, efervescentes, borbulhantes, que dão tesão e frio na espinha assim como dão depressão. Muito parecido com o material que compilou para o seu livro, e muito parecido com o que viramos todos, digo: nós, que partimos de um ponto, de um ideal, mas que nos encontramos noutro tão completamente diferente. Isso é bom? Ruim? Nada disso. Simplesmente não existimos mais.

18/02/2009

O Brasil precisa voltar a se enxergar

Nova York. Reconhecemos que uma sociedade é sofisticada quando ela lida com assuntos considerados "tabus" por outras. Um exemplo: certas escolas primárias aqui já têm algo chamado *cross gender bathrooms* ou *restrooms*. O que vem a ser isso? Bem, isso vem a ser um banheiro, ou lugar de trocar roupa, nem para homem nem para mulher. É para aqueles que estão no meio, atrapalhados, atropelados e aprisionados em corpos que os traíram desde que nasceram. São corpos de meninos, mas cabeças de meninas, e vice-versa.

Sim, homossexualidade, mas um pouco mais complicado. Já lidando com ela desde a primeira fase da adolescência na escola, para que não levem pedrada dos colegas na hora de ir mijar ou trocar de roupa: a hora da humilhação de ter que decidir por um ícone ou outro. Aquele homenzinho estéril ou aquela mulherzinha estéril padronizada, estampada nas portas dos banheiros do mundo afora, pode ser apavorante para alguns. Geralmente aquelas figurinhas em azul.

Mas, enquanto não quebramos todos os tabus, tentamos lidar com alguns. Claro que os religiosos conservadores fanáticos e evangélicos (*bible bashers*) dos *wastelands* desse país afora, desde o Colorado até as montanhas de Montana, não estão muito felizes com isso, mas, aos poucos, terão que engolir a revolução sexual que começou lá atrás, na década (qual década foi mesmo?), quando as "sufragettes" se autoflagelavam e Collette era seu expoente, ou décadas depois, quando Germaine Greer e Gloria Steinem escreviam seus manifestos e a contracultura ganhava um peso a mais que nada tinha de *flower power*.

Mas por que escrevo isso?

Bill Clinton dava uma entrevista ontem. Longa entrevista. Não tão animada como eu imaginava. Em sua enorme biblioteca em Little Rock, Arkansas, ele falava de Hillary em sua primeira viagem como secretária de Estado no governo Obama. Não, não é sobre isso que quero escrever.

Recebo centenas de e-mails. Alguns me divertem profundamente. Alguns eu guardo para futuros estudos. Outros eu encaminho para amigos, muitos deles psicanalistas, como o João Carlos, aí no Brasil.

Um desses recorrentes e-mails é de alguém chamada "Lola" (como no filme *Run Lola Run*). É de uma menina alemã que conheci há uns vinte anos e que se tornou amiga, mas que hoje, infelizmente, não sabe mais distinguir um pão de um tijolo ou tijolo de areia, e escreve para amigos imaginários, já que não tem mais ninguém. O caso é meio triste. Mas, como dizemos em teatro, nenhuma tragédia é inteiramente trágica sem ser, ao mesmo tempo, cômica. E existe uma enorme verdade nisso.

Depois de traduzir alguns e-mails e longas cartas escritas à mão, num alemão meio gótico (como se estagnado na escuridão do pré-iluminismo), João Carlos do Espírito Santo leu tudo com atenção, e me devolveu algumas ideias interessantíssimas:

Medeia estéril

"Tem mulheres que não ascendem sequer à condição de Medeia, úteros áridos e desertos que não dispõem sequer de filhos para o matricídio, são apequenadas em suas lascívias, são embrutecidas em suas toscas sexualidades, sempre na espera de que o outro as veja, as eleve, as empodere. Sim! Medeias sem filhos, sem a quem castigar, sem a quem assassinar, sem tela de projeção para as próprias falências, para as incapacidades e as derrotas pessoais. Sem um palco, sem uma clássica tragédia para encenarem e sem espectadores, dão-se a quem em espetáculo? Mulherzinhas que se querem Cacilda, Medeias do raso cotidiano, sem serem amadas porque amargas. São Medeias que fazem do mundo representantes dos seus natimortos filhos, que assassinam ou pelo menos tentam — porque seus atos estarão sempre condenados ao fracasso — destruir tudo o que é sua antítese, não suportam a diferença. E sua antítese está na gênese, na criação, no começo, na relação, na fecundidade, na solidariedade, na alteridade, resgatada como valor, como ética. Sim, meu querido, toda Medeia, toda Medeia rasa e rastejante não suporta quem inaugura, quem é marco, quem fecunda, quem move e promove a vida! Porque nestes gestos, nestas gestações, revela-se o nada que são. Medeias capadas, clitóris simbólicos cortados, metafísicas lhes são impossíveis de compreensão porque acovardaram-se do necessário enfrentamento, e tendem, frustradas como são, a querer bloquear o fluxo sanguíneo que alimenta a vida! Sim, a vida! É isso que elas não suportam, é preciso dizer: a vida! É isso que não suportam.

Freud, estudante em Paris, assistindo à aulas do professor Charcot, escreve em seu diário: *curioso como este homem, contrariando a medicina orgânica, se dispõe a tratar destes casos, destas mulheres que, sem nenhuma justificativa orgânica, sem nenhum problema físico, não andam, não veem, falam línguas incompreensíveis, convulsionam, se contorcem, se dão ao espetáculo. Negam a medicina e todos os estudos do corpo, da lógico-físico-química que aprendi em Viena. Que natureza é essa que se insurge contra todas as evidências? Que corpo é esse que nega a natureza e se impõe como um enigma?* Freud em Viena, anos depois: "*Charcot tinha razão, porém a solução está na decifração da diferença entre o anatômico e o simbólico, entre o biológico e o imaginário.*

Mas o que quer uma mulher? De que desejo ela sofre? Qual a sua queixa? Oscilam sempre entre ter e ser o falus. A castração, de que todos sofrem. Existem homens histéricos também, alguns, partem numa busca desenfreada pela reparação do que julgam ter perdido e que só o outro possui, e que, por direito, acreditam ser seu, e quando chegam a isso, percebendo o equívoco e o peso de estar na posição fálica, de suportar esse peso, renunciam, gerando a constante e indefinida queixa contra a vida, sempre insatisfeitos, pois querem o que não desejam e desejam o que não querem. Precisam entender que necessidade é diferente de vontade. Não estão satisfeitos dentro de suas peles, acomodadas com os ditames de seus corpos. Os outros, para se livrarem do mesmo dilema, se sacrificam em espírito, negam o corpo e tendem a se manifestar enquanto puro espírito, mera abstração, meros rituais, dissociados de si mesmos. As minhas queridas histéricas — a quem devo minha descoberta da psicanálise — me dão exibição, seus corpos são para serem vistos, olhados, alvos de pena e de piedade, de atenção. Meus obsessivos negam seus corpos, sendo puramente pensamentos".

Triste fim.

Continua João Carlos:

"Começa mais uma Semana de Moda, mais uma Fashion Week no Rio, em São Paulo ou em Paris. Ocupa em São Paulo o prédio da Bienal de Artes, que em sua última edição deixou um andar inteiro vazio, ou melhor, com cinco extintores de incêndio que para muitos desavisados era a instalação de um anônimo, e gastaram suas metafísicas e seus conceitos decorados posando de complexos analistas da história da arte e da sua libertação da representação após o advento da fotografia (Susan Sontag). As passarelas montadas, a primeira fila repleta de celebridades, a música, o conceito, a inspiração e lá vamos nós. Mulheres cabides, descabeladas, desfiguradas, magérrimas, andando trôpegas, apáticas, sob as luzes dos flashes, sob os aplausos, sob a fome negada, sob a tirania compensada num reconhecimento patético que durará o tempo do desfile. Meninas em busca do quê?"

GT: Pois é. Pergunto-me e pergunto a todos: em busca do quê? Lola, coitada, já deve ter cortado os pulsos em Passau, onde mora ou morava.

No mais, ligando tudo isso ao *cross gender bathroom* e à falta de sofisticação de alguns países em relação a outros, me lembro que criticar o Brasil hoje em dia é sinônimo de antipatriotismo, é sinônimo de *yankee go home*, é a mesma coisa que o stalinismo em seus dias mais cegos e úmbrios com as caras dele mesmo (e de Marx e de Lênin) enormes, ou a de Fidel em Cuba com aquelas bandeiras *a la Rudchenko* tornando uma crítica construtiva numa máquina de destruição em massa: as pessoas não conseguem mais lidar com a crítica. Se sentem rejeitadas. Entram em surto. Piram. Entram em pinoia. Viram uma máquina de movimentos espasmódicos e convulsivos que baba baboseiras porque sua identidade foi ameaçada.

Pergunto-me, sinceramente, se o Brasil não se tornou um país pré-Medeia. Um país (de certa forma) Medeia estéril. Não consegue ter filhos e, quando consegue, não os mata exatamente, mas os coloca numa posição de limbo confuso, algo entre o absurdo e a falta de vontade de vencer e ouvir. E ver! Melhor ainda, enxergar!

12/03/2007

São Paulo é a cara de Seul

Rio. O Rio continua lindo. Mas não me refiro à natureza, Pão de Açúcar, praias e esse tipo de topografismos. Me refiro às pessoas.

Enquanto em São Paulo existe uma falsa cultura, uma falsa ideia de "ser" ou pretender ser algo brasileiro que ainda não existe, ou seja, vestir um uniforme bem passado num nordestino que não sabe conjugar um verbo e que abaixa a cabeça de vergonha quando vem te servir a bandeja, e que dirige um táxi mas não conhece nenhum caminho, no Rio as pessoas são os reais brasileiros. Autênticos, desbocados, opinativos, alegres dentro dessa catástrofe, mas conscientes dela. Enquanto em São Paulo se vota em Maluf, no Rio se vota em Gabeira.

E qualquer motorista de táxi aqui tem cultura. Não falo de ópera nem de Goethe, mas falo do *streetwise*, da política internacional. Têm parentes espalhados pelo mundo, ouvem notícias internacionais e desconfiam de tudo. Talvez resida aí o instrumento mais importante de suas personalidades: não acreditam no que leem ou no que ouvem da mídia. Acreditam no que veem, no que o dia a dia lhes conta e o que os passageiros — internacionais, nacionais e celebridades — lhes sussurram nos ouvidos. E não ficam quietos.

Aqui os técnicos dos teatros falam. E alto. E nos bares e restaurantes, os garçons não têm medo dos clientes. Ao contrário: o Rio tem muito mais a ver com as metrópoles/cosmópolis do que esta que se gaba de ser a Chicago *"turd" world* (*turd* quer dizer cocô).

Não adianta revestir os prédios de vidro fumê e rearranjar os bairros com nome de Berrini e alargar as avenidas e inventar *services*: no máximo vai ter a cara de Seul, Coreia do Sul, a cidade mais deprimente que conheço.

Já o Rio é o Copacabana Palace, o táxi amarelo, a Praça XV, a Cinelândia, a Baixada Fluminense e o senhor digno, negro, que mora em Irajá e tem uma cultura invejável. Pode te dar uma aula de brasileirismo de fazer chorar. Pode falar das origens da cidade com a mesma propriedade como fala dos erros cometidos por Bush ao invadir o Iraque.

Esse mesmo Bush, que ao olhar de sua janela do Hilton de São Paulo deve ter pensado: *What the hell am I doing in Seoul?*

27/06/2008

Beijo gay e cascata no East River

A caminho de Londres. Dá para entender? Diria o meu mestre Haroldo de Campos: "Claro que dá! Politícos não são seres humanos, são cavalos que — por acaso — falam!"

Muito bem posto, como tudo que Haroldo dizia, fazia, escrevia. Até anteontem a Coreia do Norte era *evil*, *axis of EVIL*, eixo do mal, berrava Bush em seus discursos imbecis do Rose Garden ou em qualquer possibilidade que tinha. Agora, de repente, porque houve uma leve "distensão", à la Geisel, e porque Kim Jom (fanático por filmes de Bond) explodiu seu próprio site dito nuclear, pronto. Mudou. Agora ele é amiguinho: ele é do eixo do bem.

Sempre disse que os alemães pós-guerra não são lá essas coisas. Passo muito tempo lá. Óperas e tal. "Não, mas, Gerald, você precisa notar as diferenças." Ora, claro que noto. Eu mesmo, numa entrevista para *Abendzeitung* de Munique em, sei lá, 89, dizia que os jovens deveriam parar com essa culpa culpa culpa pelo que os seus pais haviam ou não haviam feito.

Mas sem dúvida existe uma "máscara". Uma fortíssima MÁSCARA usada por grande parte da população. Basta tentar se erguer um monumento público gay e... a bola rasga os colhões e a testosterona dos machos da CDU e dos "neonazis" da ex-RDA (Alemanha Oriental, que NUNCA realmente se integrou nesses quase vinte anos). Vejam... é o seguinte: enquanto o prefeito Bloomberg elogia cascatas artificiais que "edificam" a água, e criam MUROS em várias partes do East River e Governor's Island, criando uma imagem conceitual e politicamente correta, usando elementos crus, reais, mas que certamente não incomodam a ninguém, em Berlim um monumento às vítimas gays do Holocausto também é alvo das feministas.

A imagem de beijo gay foi vetada já no próprio convite e os artistas Michael Elmgreen e Ingar Dragset terão de mudar filme exibido no memorial.

Um simples bloco de concreto, em homenagem às vítimas homossexuais do Holocausto, já de pé faz mais ou menos um mês, no parque nobre da cidade, o Tiergarten (onde meu pai brincava quando criança)... prova que parte do país continua homofóbica e relutante, em conflito, ou melhor, com as feridas expostas no que diz respeito ao seu passado nazista. Haja instituto Goethe no mundo para tentar reparar essa imagem!

As feministas estão putas! "Só tem homenagem a homem gay. Não tem homenagem às lésbicas!" É difícil. Área de conflito é difícil. Se manter um blog sem receber insultos já é uma barra, imagina erguer um monumento em homenagem aos gays no Holocausto, ou um ex-eixo do mal fazendo as pazes com o eixo do bem, putz!

O buraco é sempre mais embaixo, não? Trata-se de atos simbólicos. Tudo passa a ser um ato simbólico. Aliás, obrigado Nelson de Sá e Lenise Pinheiro por terem postado a foto de Paulo Szot em *Nietzsche contra Wagner*, porque é fácil querer esquecer quando se quer esquecer. Mas a história prova que nada como um "pacto" depois do outro, assim como aquele que *Me-Fist* fez com *Me-Faust*, um cabendo dentro do outro (*Faust* em alemão quer dizer "punho"; *fist* em inglês quer dizer "punho"), e que política e arte se cruzam quando se trata do assunto infantiloide de "hoje sou teu amigo, hoje não sou teu amigo".

Ontem Obama e Hillary se encontraram pela primeira vez depois que ela oficialmente deixou a campanha. Bill Clinton oficialmente endossou Obama e se mandou para a Europa para escapar de responder perguntas (desde quando a Europa é esconderijo?). Como vocês podem ver, Jung está de volta, Haroldo de Campos está de volta, os que leem entrelinhas, entredentes, entreclaustros estão firmes e fortemente em voga: pena que tantos inocentes tenham que morrer por causa de joguinhos tão imbecis.

Gerald Thomas — 27 de junho, em lugar nenhum.

P.S: E no Brasil não parece ser diferente:

Brasília. "Ao ser levado algemado após sua primeira audiência na Justiça Militar, o sargento Laci Araújo, que assumiu publicamente no mês passado relacionamento amoroso com o então sargento Fernando Alcântara, reagiu às negativas de liberdade que recebeu". "Eu sou um judeu em um campo de concentração", disse.

MUITO PERTINENTE.

11/09/2005
Folha de S.Paulo

Um dia iremos desaparecer

Eu geralmente me incomodo quando vejo algum dramaturgo usando uma tragédia natural ou uma guerra, por exemplo, para traçar metáforas com o mundo fantasioso e lúdico do palco ou da prosa. Mas o evento Katrina, a partir do próprio nome, e a devastação de uma cidade tão singular como Nova Orleans me provocam arrepios tão fortes como os eventos de 11 de setembro em Nova York ou a invasão do Iraque ou o *tsunami* do ano passado misturado com as fotos de Hiroshima que via em criança. Catástrofes naturais misturadas a política. A miséria humana misturada ao mais puro sadismo e aos conchavos humanos, seus piores preconceitos e fetiches mal resolvidos. É que em Nova Orleans, assim como em Nova York, "estamos e não estamos" (assim como numa peça de Samuel Beckett ou em Shakespeare) nos Estados Unidos da América. Sim, por acaso essas duas cidades se encontram em solo norte-americano, mas talvez, se perguntada, a maioria norte-americana, digo, o povão norte-americano, repudiaria esses nichos de "alienígenas impuros" (talvez eu devesse incluir aqui São Francisco também, por seu liberalismo sexual gay). Claro, estou exagerando.

Não, não teremos mais uma lua sobre Bourbon Street, como cantava Sting, vários discos atrás. A cultura *cajun* (crioulo-francesa) é algo obscura para a maioria dos norte-americanos. Paupérrima para os padrões primeiro-mundistas, Nova Orleans fala um inglês que muitos norte-americanos (mesmo os sulistas) têm dificuldade de entender. Está além do *jive* ou da *slang* — it's as cajun as a mudpie. Vá entender! É um inglês teatral. Fala-se muito com as mãos.

Com a água subindo e subindo, eu imaginei duas cenas: Tennessee Williams completamente bêbado em seu quarto de hotel se afogando em mágoas, literalmente (como de fato fazia). E a mais bela metáfora já criada em teatro: o prólogo que Peter Brook encenou para *A tempestade*, em Hanover, há décadas. Ele colocou uma caravela de papelão na cabeça de um ator africano que bebia e bebia e bebia, até cair.

Não há tempestade mais bem representada e, no que diz respeito aos ex-escravos, até hoje numa posição inferior (apesar da *affirmative action* e outras medidas políticas e sociais), os negros de Nova Orleans poderiam ser esses náufragos da encenação de Brook. Ele e Williams, ambos náufragos no teatro, mas secos e bem nutridos. Vamos deixá-los para lá. Katrina não poderia ser personagem de Beckett, pois Beckett não é devastador, apesar de suas peças destruírem, rasgarem a alma do ser humano com a falta de palavras ou perspectivas. Talvez fosse uma personagem feminina: aquela menina do Paul Auster que procura, na terra esquecida e perdida, um ente querido que não encontra. Sim, voltamos ao mestre irlandês em *The Lost Ones*, uma prosa beckettiana cheia de nichos (artifício que Auster plagiou, ou meramente pegou emprestado), em que seres vagam à procura de outros seres.

No dia em que escrevo, seres em Nova Orleans, seres quase submersos, ainda buscam seus entes perdidos, e o número de mortos anunciado pelo prefeito está na casa da dezena de milhar. É realmente difícil para qualquer artista ficar imune — ou impune — a essas imagens. Elas se ramificam porque, em questão de um dia, o homem virou bicho, o ser humano virou lixo e as etnias foram comprimidas a um só sólido bloco de lama e fezes naquele solo onde se berra e canta *God Bless America* mais vezes por dia do que se vai ao banheiro.

Mesmo assim essas interpretações literárias ou dramáticas de eventos catastróficos me incomodam. Estou diante de uma fogueira de vaidades, e os fatos não mentem e... ver pela televisão corpos inchados boiando, ou gente há uma semana nos telhados sufocadas pelo próprio ar, ou de dor e de peste, confrontadas com o cheiro da finitude, assim como se estivéssemos em plena Idade Média, num total Terceiro Mundo, é imensamente desconcertante. Mas me pergunto se nos sentiríamos assim se isso não estivesse acontecendo nos Estados Unidos e, principalmente, na terra que nos deu o jazz. A identificação com a cultura brasileira se dá por aí. É como se a população que criou o jazz e o *mardi gras* e se apropriou do vodu já estivesse predestinada, já soubesse que em seu futuro algo nesse estilo fosse acontecer. "Um dia iremos desaparecer", diz Caliban em *A tempestade*, de Shakespeare (ou será Trínculo?), numa ilha dominada por Próspero e pela bruxa Sycorax. "Um dia iremos desaparecer e portanto vamos criar a música do lamento, do jazz ao blues, e vamos desfilar nossas fantasias ao som de trompetes bem altos para que todos nos ouçam, nós, os negros miseráveis do Sul!, com uma batida lenta dos tambores, assim como se faz num funeral!!!"

Pensamento intuitivo e lógico! Mais lógico do que qualquer ciência pudesse prever. A resposta lenta do governo terá sido porque ela reflete a repugnância norte-americana por esses nichos de *outcasts*? A falta de manutenção dos diques terá sido por quê? Por que, mais cedo ou mais tarde, cidades como Nova Orleans já renderam o que tinham que render (ou seja, grande parte de seus jovens está lutando no Iraque, ou melhor, já morreu lá) e sua música se esgotou? Nova Orleans estava mesmo se tornando um "problema criminal", assim como o Rio de Janeiro, com assaltos a turistas etc.? É, não há mesmo jeito de escapar de um paralelo dramatúrgico. Mas ainda não sei bem qual, já que ainda não há desfecho. Estamos em pleno primeiro ato.

Katrina foi uma mulher maldosa ou um espírito "voduísta" maldito que retornou para castigar a região do rio Mississippi. E como a desgraça ainda está em progresso e não se sabe aonde vai dar, não se pode compará-la a nada, absolutamente a nada. Katrina é somente um espírito. Não se compara mesmo ao *tsunami* que arrastou Sri Lanka, Tailândia e Indonésia no ano passado para o buraco mais fundo da humanidade. Aqui estamos vivendo e presenciando um drama que ainda não terminou, sendo que o presidente da República está, como sempre esteve, omisso, ausente, atrasado em seu estado de quase onipresença.

Acho que daqui a um ano poderemos fazer alguma coisa disso tudo. Minto. Hoje completamos quatro anos desde os ataques que derrubaram o World Trade Center, evento que vi da minha janela em Williamsburg, Brooklyn. Até hoje não sei o que fazer daquilo ou com aquilo. O mundo mudou de tal forma que o pensador ou o criador está com o mosaico destruído ainda.

A iconoclastia e o desconstrutivismo do século XX não deixaram pedra sobre pedra. E, sem esses pilares — coisa de *fin-de-siècle* —, temos a autópsia da autópsia da autópsia de tudo. Estilhaços por todos os lados. Já declarei minha guerra contra esse *tsunami* cultural chamado "desconstrutivismo": chega!

Quando nos colocarmos moralmente de pé — e bota uns bons dez anos nisso —, quem sabe olharemos para Nova Orleans com melancolia e colocaremos no iPod alguma coisa que lembre o jazz com alguma nostalgia, muita vergonha, e certamente muita raiva e tristeza.

18/01/2005

Hajj e a peregrinação islâmica

Milhões de islâmicos se reúnem nesse momento, em Meca, num lindo ritual harmonioso que visa tornar os seres humanos mais humildes. No entanto, a imagem dos americanos é a de que todos os islâmicos são violentos e odeiam os EUA. De certa forma, o hajj é algo de divino, que nós do Ocidente talvez não tenhamos a capacidade de compreender, dada a nossa vida prática, pragmática.

Será que verei paz ainda nesta vida? A geopolítica mundial está se reconfigurando com uma rapidez assustadora: França e Alemanha fecham com a China no que diz respeito a armamentos bélicos. Forma-se, a cada dia, os Estados Unidos da Europa. Aliás, é interessantíssimo o livro com esse título (cujo subtítulo é "o fim da supremacia dos EUA"). A Índia cresce economicamente a cada dia. E o Brasil?

E o Brasil? E o Brasil? Ontem foi feriado aqui. Dia de Dr. Martin Luther King. Até hoje não se sabe a verdade sobre seu assassinato, assim como nada se sabe de verdade sobre a morte de JFK. Não pode haver paz atrás de comissões e secretariados que guardam segredos de Estado, quando na verdade esses segredos são a base, a raiz, o solo, o tronco e os membros do que podemos chamar realidade, se é que existe tal coisa.

Quando vejo as imagem dos peregrinos em Meca, vejo que a metafísica toca uma harmonia que nos soa atonal ainda. Mas talvez seja hora de aprendermos a ouvi-la com mais calor humano.

28/11/2008

Terrorismo escolhido a dedo

Por que digo isso? Caiu aqui na data de Thanksgiving. A maior parte de nossos "serviços" como telefonia, servidor de internet e coisas assim é feita via Índia, via Mumbai: *Hello, my name is Paul and how can I help you today?*, uma voz carregada com sotaque indiano me atende todas as vezes que tenho problemas com a Verizon DSL ou com a Time Warner Cable ou com qualquer outra questão resolvível por telefone. Não, o nome dele não é "Paul", coisíssima nenhuma! Deve ser "Sanjay", e é justamente aí que começam os problemas.

O ataque horrendo aos hotéis, ao centro judaico e aos restaurantes de Mumbai não são os primeiros na Índia. Ano passado, e em 2006, foram as estações de trem e a trens em movimento. Isso sem contar com a guerra contra o Paquistão, a libertação da Caxemira, um sectário contra o outro, a luta contra os colonizadores (os ingleses) e a incrível batalha para estabelecer uma identidade própria e um parlamento.

Mas ataques com essa precisão e com essa formalidade, digo, com esse tipo de alvo: "Queremos pessoas de nacionalidade americana ou inglesa..."

Bem, a Índia, assim como tantos países europeus, tem um número enorme de muçulmanos. Claro que os governos não acham uma forma clara de diálogo com eles, mas...

Mas... quem é que disse realmente que se trata de uma facção chamada *Deccan of Mujad Adeen*? Por que as agências de notícias nos dão essa informação?

Posso estar aqui dando um tiro no próprio pé, mas posso também "aventurar" um palpite: justamente alguns dias depois da falência prematura das três grandes fábricas da indústria automobilística em Detroit, acho que bateu fundo no coração americano a questão da terceirização.

Sim, Mumbai, e não a China, é o centro da concorrência da terceirização. Na Índia a segurança é fraca (na China não se entra. No país, militarizado e comunista, ninguém entra: pena de morte!).

Sim, Mumbai. Falar... Com quem falar?

Thanksgiving. Milhares de americanos desempregados e indo comer seu *Thanksgiving dinner* em *soup kitchens*. O que é isso? Uma coisa linda, linda e triste. Mas tem que se viver aqui para saber o que é.

A Índia e o Paquistão são potências nucleares: estão a três minutos (eu disse três minutos) de distância de apertar um botão que destruiria Nova Délhi ou Calcutá ou Puhna ou Islamabad ou...

Tudo por causa da Caxemira? Óbvio que não! Tudo por causa de um possível interesse num Afeganistão caindo aos pedaços porque a política de Bush não deu certo (a tática de derrubar o Talibã está se provando um total fracasso: forças divididas no Iraque, onde não deveríamos estar, em primeiro lugar!).

De volta aos ataques!

Resolver o quê? Como?

O Paquistão é uma questão irresolvível. Mataram o Bhutto, o Zia era um cafajeste. Pula um, dois, o Musharaff era gilete, e agora, o marido da Benazir (que todos nós tentamos amar) está lá sentado, depois de assaltar os cofres públicos e possuir os castelos mais fantásticos da Grã-Bretanha. Não é lindo? E o IRA foi matar o lorde Mountbatten na década de 70, um dos que entendiam do assunto. Se não me engano, o homem nasceu em uma das ex-colônias. Sim, nasceu na Índia.

Esse é o preço do capitalismo? Esse é o preço que se paga?

E quem disse que os ataques param aqui?

Não, acho que não param. Esse é o preço que pagamos pelo tal "expansionismo". Esse foi o 11 de setembro, ou o julho, em Londres, em 2005. A Espanha paga esse preço até hoje por uma (des)união por causa de Franco. Seja o ETA, seja a cabeça dura de alguns bascos separatistas.

Deixe os espanhóis e a *Guernica* para lá!

A crise em Mumbai em seu terceiro dia: cento e quarenta e três mortos. E, para quê? Para que os investidores americanos tenham medo de ir para lá? E os ingleses e alemães também? Óbvio.

Foi um espetáculo horrendo escolhido a dedo para ser "tocado" na TV enquanto a classe média americana, horrorizada, dava seu *thanks* e devorava seu peru recheado de coisicas. Era um espetáculo feito para ser televisionado e para que nós pensássemos!

Assim como aquilo que me traumatiza até hoje porque eu estava aqui, vendo da minha janela, os ataques que derrubaram as Torres Gêmeas — mas algo de estranho ainda me aflige a respeito! Inexplicável... estranho... 11 de setembro de 2001 até hoje não... deixa pra lá!

Cinco reféns ainda estão nas mãos de não se sabe quem. E o impacto? Sei... o impacto! Talvez seja bom para a bolsa de valores de NY na segunda-feira. Guerra é *good business*. Que horror! Terror é *good business*. Que horror! Pelo menos para mostrar, talvez, quem sabe, que, nesse dia de ontem, um velho e falido George W. Bush estava em seu rancho, como sempre está... telefonando para as tropas no Iraque... e para mostrar como ainda estamos seguros aqui em casa!

Mais explosões chacoalharam o "Nariman House", lar dos judeus ortodoxos, parte do Chabad Lubavitch, onde o Exército indiano passou parte do dia lutando e matando os terroristas. Deverão matar todos. No final poderão dizer que são "estrangeiros" ligados a uma "nova facção disso ou daquilo". Quem somos nós para duvidar? Quem somos nós para acreditar?

Como segurança custa caro! Só nos damos conta disso quando vemos o mundo em chamas ou quando descobrimos ou abrimos as portas de campos onde reina um *Arbeit Macht Frei*, e o povo que se diz ignorante de tudo isso abre a boca e, diante do horror e do terror, diz que não sabia o que estava acontecendo.

Agora sabemos. E sabemos em tempo real. Mas a conspiração continua tão bem escondida que pouca diferença faz quem são os jogadores/perdedores/ganhadores, uma vez que a questão do tempo nos mostra que, historicamente... historicamente essa coisa de atacar e lucrar e querer lucrar com a morte dos outros não é somente um crime, mas uma enorme ilusão. Melhor ainda: um pesadelo. Um pesadelo entre entidades corporativas que se chama... (odeio isso) *movimentos obsessivos e redundantes entre políticos, deuses, causas e empregos*. Não há sigla para isso. Não há teatro e não há arte que acompanhe tamanha desgraça.

Até o berro silencioso de Munch está aos gritos, e eu, aos prantos.

08/01/2009

Os dois Baracks e uma MaMa

Há cerca de um mês estava tudo tranquilo. Quer dizer, tranquilo... Nunca nada, *ever*, está tranquilo. Mas Ellen Stewart, a fundadora do La MaMa ETC (Experimental Theater Club, que cunhou esse termo, "teatro experimental"), estava em seu apartamento, no 5º andar acima do teatro onde comecei minha carreira "oficial" com as peças de, bem, vocês sabem de quem. De um irlandês famoso, o mais genial: Sam Beckett. E, até semana passada, nosso presidente Barack Obama ainda estava no Havaí, de férias, e o bombardeio entre Israel e o Hamas ainda não havia começado. Não era Natal ainda. Jesus ainda não havia nascido.

Bem. Os dois Baraks, ou Baracks, saíram de seus refúgios e Ellen Stewart deu entrada, em estado grave, no hospital, para o refúgio de uma UTI. Algum paralelo? Talvez. Ontem, ao visitar a minha *mamma*, a pessoa à qual devo toda a minha vida teatral, ela me dizia: "Temos dois Baraks, dois Baracks, você precisa escrever sobre isso. E precisa escrever sobre como os judeus sefardins são perseguidos por vocês!"

Eu, *Mamma*? Eu não persigo...

"Você é maneira de dizer... vocês asquenazes."

Ela se referia aos milhões de judeus iemenitas, etíopes e somalianos ou egípcios ou iraquianos e aqueles nascidos em solo "palestino" de cor escura: "São tratados como nós, negros, éramos, ou ainda somos, pelos brancos, aqui e no mundo."

Sim, Ellen sabe tudo sobre racismo. Vinda de Chicago para Nova York nos anos 50 para trabalhar como estilista na Sack's da Quinta Avenida, ela tinha que entrar pela porta dos fundos. Era a única estilista negra. Lutou, berrou, esperneou e ralou até que chegou onde chegou: fundadora do mais reconhecido teatro experimental do mundo, aquele que trouxe (da Polônia) Jersy Grotowsy e Tadeuz Kantor, ou (do mundo) Peter Brook, Kazuo Ohno, ou (de países confinados, ou reduzidos a trapos) dezenas de artistas do palco para a cena do East Village, dando "voz" para companhias como o Mabou Mines (de onde surgiu Philip Glass) e tantos milhares de outros, como Sam Sheppard ou até Robert De Niro e Bob Wilson... Ellen é, como diz Harvey Firestein (autor de *Torch Song Trilogy*): "Ellen é responsável por 80% do que está nas telas e nos palcos americanos" (entrevista à *Vanity Fair* de anos atrás).

Até semanas atrás, Ehud Barak, ministro da Defesa de Israel e ex-primeiro-ministro (deposto em 2000 ou 2001, não me lembro), era considerado um homem praticamente morto na vida política israelense. Ele é membro do mesmo partido trabalhista (o de Golda Meir e Ben-Gurion, o fundador do Estado de Israel)... ah, e, *by the way*, Barak é sefardim, portanto não muito popular entre os "brancos" como Benjamin Netanyahu, também ex-primeiro-ministro, educado aqui nos "States", com um perfeito sotaque inglês americano, era visto fazendo jogging no Central Park.

Bem, ninguém está mais falando assim de Ehud Barak agora, neste momento. Essa guerra contra o Hamas, ou contra os palestinos, depende de como vocês queiram ler, é uma guerra "tida como pessoal". Paralelos com George W. Bush e o Iraque? Sim, já que o pai, George Bush "sênior", dono da guerra *Desert Storm*, deixou o ditador Saddam Hussein intacto. "W" foi lá e crau! Estamos onde estamos. E a dívida? E a dívida humana?

Paralelos? Ontem, conversando pausadamente com a Ellen (nome da minha mãe biológica também), no hospital (e não riam) "Beth Israel", ao sair para comprar uma barra de chocolate para ela, perguntei para alguns médicos judeus ortodoxos o que achavam do atual conflito: DISGUSTING! "Em tantos anos de *intelligence gathering*, deveria se achar uma outra maneira de desmantelar um grupo terrorista como o Hamas." Já outro me dizia... "*Crush them all!*" (Massacrem, amassem todos!).

Barak está todo prosa: vestido com seu casaco de couro, ele está respeitadíssimo entre seus pares no Knesset (parlamento) israelense. Barack Obama está morando provisoriamente num hotel em Washington. Faltam 12 dias para sua posse. Todo prosa, e com razão, ele está com seu terno e gravata tentando dar um jeito na economia americana, que está um trapo: parece uma dessas fotos que se veem saindo de Gaza. Me desculpem pela péssima analogia, mas era evidente que um paralelo gráfico teria que ser feito.

Ellen Stewart apertava minha mão. Dificuldade em respirar. Mão enfaixada pelas injeções de insulina etc. Às vezes encostava a cabeça no meu ombro. Essa cena me é comum há três décadas, afinal essa é a pessoa que me deu a vida no palco e comemora NOVENTA anos de idade. E me diz: "Genocídio de crianças é imperdoável... sob qualquer circunstância... e a perseguição entre vocês..." A enfermeira interrompeu. Era hora dos procedimentos médicos. Saí do quarto. Fiquei em pé no corredor pensando nessa mulher que passou metade de sua vida profissional amando Israel, montando um teatro lá.

Hoje, com o ataque do Hezbollah, ela já está em casa, sempre com a televisão ligada: "Gerald, escreve o que você tem que escrever, mas escreve para o palco. Não entendo isso de blog que você fala."

Esta é uma homenagem a Ellen Stewart. Esta é uma homenagem a todos os que têm uma opinião, seja ela qual for. Mas cuidado: para se ter opinião mesmo, deve se saber onde, por que e quando. E não arrotar ou reciclar bobagens.

28/07/2008

Vamos acabar logo com o inimigo?

Obama, Lula, escândalos, problemas existenciais, riqueza e pobreza, quem está certo ou errado, Iraque, vítimas, retórica, retórica e retórica... A arte, sua inutilidade, pessoas que sabem TUDO, mas não saem da toca. E fala-se disso e daquilo, sobre os homofóbicos e sobre as diferenças entre a seriedade de "interpretar" um papel e *to play a role*, ou seja, "brincar" de fazer um papel no palco. Mas raramente se fala sobre um jovem negro de 25 anos, empresário, sul-africano, natural de Johanesburgo.

Pois! Seu nome: Simon Yiga. Idealizador de um projeto maravilhoso: "Africasso", tremendamente inspirador. África e Picasso. Não se trata de uma ONG, não se trata de querer "curar" a miséria. Simon "coleciona" trabalhos de artistas da África inteira e junta tudo num espaço virtual e, de lá, vende para o mundo.

Mas, de uns tempos para cá, ele tem me revelado que está mal-humorado, chateado, puto mesmo. "Afroputo" mesmo: *What is it, Simon?*

"São esses merdas do Zimbabue que vêm para cá, roubam nossos empregos e trabalham por 25 cents..." Acho que não preciso dizer mais. Conhecemos esse filme. Nos EUA, temos 12 milhões de mexicanos "legalmente ILEGAIS" catando espinafre e uva na Califórnia. E dominicanos, equatorianos etc. catando o lixo em Columbus, Ohio. Trabalho que americano NÃO QUER mais fazer. E aí? Como se sai disso?

Uma das maiores questões que Obama terá pela frente será a questão dos ilegais. Simon tem verdadeira paixão por ele, assim como eu. Simon, assim como eu, quer pôr um fim a essas guerras inúteis, invasões absurdas baseadas em mentiras e uma vida quase paranoica de escutas telefônicas legitimadas por um Patriot Act e serviços de Intelligence Gathering Agencies que até hoje, quase sete anos após a queda das torres, não prenderam ou mataram Bin Laden. E só conseguiram disseminar mais ódio contra os EUA e criar novas células de terroristas! É isso. Hoje, somente hoje, morreram 28 em Bagdá e 22 em Kirkuk, vítimas de homens-bomba. Mas Bush diz que está melhorando e tudo sempre sob controle. Dá?

Às vezes, não sei o que fazer com este blog. Não sei se devo cumprimentá-lo todos os dias ou ainda me pendurar nos galhos que restam. Este blog brota como um arbusto ou um cacto no deserto do Arizona. Talvez eu devesse ser engolido por uma iguana, como foi a Andréa N., ou a Andréa Schwartz, aquela que inventaram como filtro para mascarar o que realmente o Eliot Spitzer, ex-governador do estado de Nova York, fazia naquele quarto de hotel em Washington... atchim!

Alguém, no vasto silêncio da solidão de uma campanha política pró-Obama no estado do Arizona — território inimigo porque esse AZ pertence a McCain —, me perguntou por que eu me encostaria num blog como se ele fosse algo físico, palpável. Assim como o Simon em Johanesburgo, olho pela janela e deliro. Deve ser o deserto imaginário. A cultura jalapenha!

Explico: Sou nômade. Sou assim como a Espanha: dividido em quatro. Às vezes preciso me encostar, sentar, descansar em algo, mesmo que seja em algo virtual. Pode-se dizer que a Espanha (assim como a Itália ou a Inglaterra) muda de identidade e de sotaque a cada 15 quilômetros. Mas prefiro dizer que sou como a Espanha.

> *Quando venta a morte na profunda relva*
> *e remove do ocidente todas as imagens*
> *que as nuvens erguem — então*
> *vem a noite e lê as estrelas.**

E quando as estrelas aparecem tudo fica numa perspectiva triste. Ficamos pequenos. Mínimos. Não há Johannes Kepler que nos coloque num lugar real. Somos efêmeros e passageiros e nossas dores, meras expressões de egos inflados. Alguns mais inflados que outros.

Me pego num simples beliscar, petiscar, mandando um e-mail desejando "merda" ou *break a leg* para alguém que teve estreia de um espetáculo teatral essa semana. Gesto de carinho, óbvio. Resposta? Pouco importa, já que pouco, pouco importa. Digo pouco nada importa, ou nada realmente importa nos continentes onde as coisas importadas importam: na África de Africasso e de Nelson Mandela, por algum motivo, onde o Simon ainda é revistado pela polícia por ser negro, por morar em bairro de brancos(!). Às vezes quero mesmo é desistir! Mas quem sou eu? Nada e ninguém!

Já que hoje o que realmente importa seria o pop e a multidão que ovacionou Obama em Berlim, lá pela casa dos 200 mil. Tipo, meio Woodstock. Só que, na Alemanha, eu tenho medo dessas multidões. Em 1933, também havia multidões ovacionando.

---

* Poema retirado do livro *Aventuras de uma língua errante*, por J. Guinsburg — editora Perspectiva.

Não, chega disso. Como eu disse, sou como a Espanha. Sim, a de Franco, a de Hemingway, a de *Guernica* de Picasso. Uma única lâmpada ainda acesa. Em volta, destruição, guerra civil, mortos, fascismo etc.

Sim, o Obama, para mim e para tantos que conhecem os Estados Unidos e não querem mais a constante mentira da chamada "guerra contra o terror" desorganizada, mas sim algo que não aliene as pessoas, o sonho já tardio de Dr. Martin Luther King Jr. A guerra contra o terror terá que continuar nos lugares onde, de fato, ele, o terror, existe.

No Iraque essa invasão só fez mesmo espalhar terror, matar civis que nada tinham a ver com isso, deixar soldados americanos em *body bags* e em estado de trauma e mutilação irreversível.

"Como em qualquer guerra", contra-argumentaria o interlocutor. Não, senhor. Talvez Hitler justificasse a invasão da Polônia através de métodos tortos e estupidamente históricos, até que voltasse a Napoleão: afinal, a Polônia era outra terra como eu, como *Guernica*, quebrada, estilhaçada, com uma lâmpada no meio (se tanto) unificando vozes, idiomas etc.

A invasão do Iraque e aquela monstruosa, repito, MONSTRUOSA reunião, convenção dentro de MIM, aqui dentro da Espanha, da qual participaram 21 países "para comprar e disputar os direitos pela RECONSTRUÇÃO do Iraque"!!! Que loucura!! Aquilo foi uma coisa tão sórdida que nem meu braço esquerdo (que chamo de Lorca) conseguiria explicar.

As mentiras são mantidas até hoje e nem meu braço direito (que chamo de Generalíssimo Franco) consegue explicar: não havia armas de destruição em massa. Sabia-se disso, já que as várias expedições da ONU, Hans Blix e companhia nos afirmavam isso com certeza.

E, de fato, não encontraram nada. Até hoje, nada foi encontrado. Só fizeram mesmo foi abrir a porta para a INDÚSTRIA do jihad.

A indústria dos que odeiam, a indústria do ÓDIO, dos meninos e homens-bomba, dos lagos de mel e das 72 virgens esperando os pobres virgens... Ah, Saddam! Claro, esqueço Saddam, aquele que, durante seu BRUTAL regime, gaseificou curdos, surdos, cegos e mudos.

Certo. Mas na operação *Desert Storm* de Bush Pai e de Clinton, achou-se melhor NÃO bombardear o país inteiro e não ir em busca do petróleo, óleo, e nem por menos que uma única desculpa de se perder recrutas, pois Osama bin Laden tem a ver com o Talibã e Afeganistão, e talvez até com o Paquistão, mas uma coisa sempre foi certa: Saddam e Laden se odiavam. Sim, entre árabes assim como dentro de mim, aqui dentro, os bascos e os andaluzes e catalães não se topam, se tripam, não trepam.

Vamos derrubar todos aqueles que consideramos horrendos? Vamos? Vamos inventar e difundir campanhas horríveis a respeito deles até que, na centésima rodada, ela talvez se torne uma... "meia verdade"?

Que tal começar pelo espelho do próprio banheiro?

O espelho de Bush está estilhaçado, assim como eu. Já me viram? Já me viram pendurado no Prado ou em reproduções em livros? Eu, *Guernica*, sou horrenda, feia de morrer, e por isso fui pintada, para meter medo numa época em que a arte ainda fazia algum sentido.

Tristes lembranças, não ter mais uma cara, uma face, uma terra, pois explodiram temporariamente com nossa identidade até novembro, quando teremos eleições, e então quem sabe... Assim como o Generalíssimo Franco explodiu comigo, e grande parte da população dizia que elegera o grande mestre do teatro! Mestre do teatro? Os grandes ditadores são mestres do teatro, mestres do teatro da crueldade. A xenofobia dos povos, a defesa de suas identidades mesquinhas, ughhhh, numa era cada vez mais de plástico-derivado-do-petróleo, faz com que moral, escrúpulos, essas coisas me tornem, eu, a *Guernica*, uma pintura ameaçada. Na África ou no Arizona, então, mais ameaçada ainda. Não por causa das atrocidades históricas remotas, mas pelas atrocidades dos últimos oito anos de administração Bush, e que ainda veremos sendo descobertas aos poucos e das quais, Deus me livre, se sobrevivermos... teremos o troco.

20/01/2009

Ba-Rock Obama

Amor da minha vida,

    Quando o ponteiro do relógio da sala da tua casa aí no Rio (ironicamente ela fica na Avenida Dr. Martin Luther King Jr.) apontar três da tarde, aqui em Washington D.C. será meio-dia: o homem mais inteligente e glorioso deste planeta estará se transformando no nosso 44º presidente. O presidente dos Estados Unidos da América. Quem poderia pensar que isso aconteceria, mesmo quatro meses atrás? Você, Mileny, está vendo (pela televisão) as filhas dele? Parecidas com você (só que você é mais linda, óbvio!), sempre de mãos dadas com a mamãe Michelle ou papai Barack? Bem, trata-se de uma longa história que começou com alguém que teve um sonho. E por esse sonho foi assassinado. Muitos foram assassinados, Mileny, para que esse dia de hoje chegasse e meus olhos não parassem de chorar e de pensar em você e no mundo em que você estará vivendo e no qual eu já serei uma espécie de passado.

    Mileny: aos quase 8 anos de idade você tem a linda sorte de se enxergar pequena, linda e negra, exibir esses cabelos de trancinhas e notar que todos olham para você com enorme ternura e carinho. Mas, quando você estiver com seus 18 anos, talvez lerá essa carta em outra perspectiva e terá uma conversa em perspectiva comigo. No que você terá se transformado? Numa linda bailarina? Numa cientista? Numa médica ou filósofa? Não importa. Ou melhor, importa sim, porque a mensagem que começou essencialmente em 1963 quando um dos discursos mais COMOVENTES e mais ouvidos e mais imitados e mais INSPIRADORES da história da humanidade, *I Have a Dream*, de Martin Luther King, nos foi "entregue" aqui nessa capital e nessas escadarias onde hoje bandas tocarão, pessoas tocarão... para comemorar os quase 41 anos de seu... sim, assassinato.

Sim, Mileny: segregação racial. Ônibus para brancos e para negros. Bebedouros para brancos e para negros (que eu ainda peguei quando criança no mesmo Tennessee de Dr. King). Ainda bem que você, meu amor, não sabe o que vem a ser isso.

Mas você certamente não notou, como tua mãe e tua avó notaram, quando, naquela tarde de feijoada no último andar do Caesar Park Hotel, no Rio, no meio de dezembro passado, enquanto éramos cercados por olhares de brancos curiosos, como era estranho que "não cabíamos lá". E realmente, como a tua mãe falou: "não cabíamos lá". Por que será? O racismo camuflado no Brasil não deixaria revelar jamais um Dr. Martin Luther King Jr.? Será? Quero crer que sim. Mas, se isso não for possível, será difícil que surja, como surgiu, aqui, um Barack Obama. Mestrado pela Columbia e Harvard Universities, assim como sua mulher Michelle, a nova geração, a garotada afro-americana ou simplesmente *the black kids*, como a Oprah quer voltar a chamar e parar com essa coisa de Afro, agora vira uma página FUNDAMENTAL em sua história: percebe que não precisa mais se espelhar em atletas, como Michael Jordan ou Magic Johnson, ou mesmo nos músicos, como James Brown, Ray Charles, Stevie Wonder, ou nos milhares de *raps* ou *hip hops* que surgiram nas últimas décadas.

Agora o mais novo símbolo de *cool* é SER O MAIS inteligente e letrado e genial e culto político negro do mundo: e por quê? Porque entenderam *that YES WE CAN*. Sim, Mileny, A Gente Consegue! Conseguimos se lutamos muito até conquistar a presidência dos Estados Unidos da América.

AMERICA IS BLACK AND IT'S PROUD.
AMERICA IS THE NEW BLACK
Mas chega de ufanismos!
Mas precisamos desse momento. E como!!!!!
Até a nossa cultura pop precisa.

Ah, Mileny, ontem foi feriado nacional: dia de Dr. Martin Luther King Jr. Sim, a nação inteira parou e se PREPAROU para hoje. E hoje? A nação acordou para realizar, concretizar, seu sonho de 45 anos atrás: *I have a dream* se torna I AM HERE NOW!

Um dia, talvez, por interesse ou por pura preguiça, você me pergunte por que o Dr. King escreveu uma carta da prisão de Birmingham que ficou tão famosa (*Letter from a Birmingham Jail*). Talvez eu te conte, talvez os eventos avassaladores do tempo que nos atropela me obriguem a te contar coisas de outros períodos. Por quê? Porque até lá, Barack Obama já terá (se Deus quiser) dois mandatos inteiros de administração na Casa Branca e terá sido o mais revolucionário presidente americano desde Abraham Lincoln (que aboliu a escravidão em 1862).

Quem sabe, daqui a dez anos, quando você estiver com seus 18, as palavras do sonho do Dr. King, visto e ouvido por 250 mil pessoas aos pés do Lincoln Memorial, em 1963, com aquela estátua de dar arrepios constitucionais e democráticos ainda não cantará em nossos ouvidos:

"*EU TENHO UM SONHO de que um dia essa nação se elevará e viverá o verdadeiro significado do seu credo: que todos os seres são criados iguais.*

E deixa a Liberdade tocar, soar. E quando ela tocar — e quando nós deixarmos que isso aconteça! — ela vai tocar em todos os vilarejos, em cada casebre virá o som de cada estado e de cada cidade e seremos capazes de ACELERAR esse dia quando todas as crianças de Deus — negros, brancos, judeus e góis, protestantes e católicos — e nós daremos as mãos e cantaremos as palavras daquele antigo 'negro spiritual': FREE AT LAST! FINALMENTE LIVRES. OBRIGADO, SENHOR, Thank, God Almighty, WE ARE FREE AT LAST."

Então, Mileny, te escrevo isso na manhã do dia em que multidões esperam O MOMENTO mais IMPORTANTE da HISTÓRIA deste país. Te escrevo isso num momento em que 2 milhões de pessoas se aglomeram na cidade para assistir à posse de um novo ídolo e o primeiro presidente negro americano. E quero que você saiba quantas vidas isso custou, o quanto de escravos ainda existe no mundo, de adultos e de crianças, e quanta miséria humana acontece enquanto te escrevo com lágrimas nos olhos porque uma coisa eu sei: VENDO ISSO AQUI PERCEBO QUE NÃO HOUVE PASSO MAIOR dado desde que Neil Armstrong pisou na Lua, e (para te dizer a verdade) aquele passo para mim nada quer dizer frente aos passos dados no campo da liberdade civil ou da conquista política.

Faltam algumas horas para que Barack Obama assuma sua posição de líder dessa nação. Vamos voltar a ter uma CARA e ALMA digna para o mundo! Espero que a nojeira da administração anterior passe logo.

E, quem sabe...? Daqui a dez anos, se alguém aí em cima der uma forcinha, você olhar a cor da tua pele e olhar tudo isso, as vidas perdidas e as guerras santas e essa loucura toda por causa de pigmentação de pele, me olhará na cara e dirá: "será que você escreveu isso loucaço?"

E eu vou te responder, Mileny: não. Washington não era somente uma cidade aquele dia. Era também o *espírito* do primeiro presidente americano, depois da Revolução, depois da expulsão dos ingleses. E agora, como então, o clima está EUFÓRICO, e, pela primeira vez em muito tempo, nós aqui estamos nos abraçando, nos olhando nos olhos, nos dizendo *GOOD MORNING*, seja lá qual etnia, seja lá qual sotaque, seja lá qual vestimenta, pois essa é a verdadeira cara dessa imensa US of A. A cara de T.U.D.O. e portanto nela cabe o que você otimizar de melhor.

(faltam três horas)

08/09/2009

Minha "INDEPENDÊNCIA OU MORTE"

Nova York. Meus queridos, cheguei num ponto crucial da minha vida. O MAIS crucial até hoje. Um asterisco. Aliás, já estou nele há algum tempo e percebo que não adianta resmungar para cima e para baixo. Finalmente tomei uma decisão.

"*Transformar o mundo: acordar todos os dias e transformar o mundo*", dizia a voz de Julian Beck (a quem eu dirigi e com quem aprendi tanta coisa). Eu tinha uma vaga noção das coisas. Não encontro mais nenhuma. Eu tinha uma fantasia. Não a encontro mais. Só encontro aquele autorretrato de Rembrandt me olhando, ele aos 55, eu aos 55, um num tempo, o outro no outro, como se um quisesse dizer para o outro: o TEU "renascentismo" acabou: Você morreu. Morri?

I can't go on. And I won't go on.

Beckett, que é o meu universo mais próximo, diria "*but I'll go on*". Sim, existia uma necessidade de se continuar. Mas olho em volta e me pergunto: continuar o quê? Não há muito o que continuar.

Minha vida nos palcos acabou. Acabou porque eu determinei que os tempos de hoje não refletem o teatro e vice-versa. Também não estou a fim de criar o iTheatro, assim como o iPhone ou o iPod. A miniatura e a *self satisfaction* cabem muito bem na decadência criativa de hoje. Mas, se formos analisar o último filme ou CD de fulano de tal, ou a última coreografia de não sei quem, veremos que tudo é uma mera repetição medíocre e menor de algo que já teve um gosto bom e novo.

Claro, minha opção dramatúrgica sempre foi escura, sempre foi *dark*, se assim querem. De Beckett e Kafka aos meus próprios pesadelos, um crítico do *New York Times* disse que eu "*usava a plateia como meu terapeuta*". Até que coloquei Freud como sujeito principal da ópera *Tristão e Isolda* no Municipal do Rio. Acho que o resultado todo mundo conhece.

É estranho. Até 2003, 2005 talvez, ainda fazia sentido colocar coisas em cena. Sinceramente não sei descrever o que mudou. Mas mudou.

Claro que somos seres políticos. Mas isso não quer dizer que nossa obsessão ou a nossa única atenção tenha que ser a política. Ao contrário. A arte existe, ou existia, justamente para fazer pontes, metáforas, analogias entre a condição e fantasia do ser humano de hoje e de outras eras e horas.

Daniel Barenboim, que nasceu argentino mas é cidadão do mundo (um dos músicos mais brilhantes do mundo), e cidadão israelense, achou uma forma de aplicar sua arte na prática. Ele tenta, desde 2004, "provocar", através da música, a paz entre palestinos e israelenses. Fez um lindíssimo discurso ao receber o prêmio Wolf no Knesset israelense dizendo que sua vida era somente validada pela música que ele conseguia construir com jovens músicos palestinos (presos, confinados — justamente na época em que Israel construía um muro de separação) e jovens músicos israelenses.

Não sou tão genial quanto Daniel Barenboim, e construir uma peça de teatro é muito mais difícil que abrir partituras de um, digamos, Shostakovich ou Tchaicovski, e colocar a orquestra para tocar.

Um trecho de uma sinopse, por exemplo, que escrevi quando os tempos ainda se mostravam propícios:

> E em Terra em trânsito, *uma óbvia homenagem a Glauber: uma soprano só consegue se libertar de sua clausura entrando em delírios, conversando com um cisne fálico, judeu antissionista, depois de ouvir pelo rádio um discurso do falecido Paulo Francis sobre o que seria a verdadeira forma de "patriotismo". O cisne (cinismo) sempre a traz de volta a lembranças: "Ah, você me lembra os silêncios nas peças de Harold Pinter! Não são psicológicos. Mas é que o sistema nacional de saúde da Grã-Bretanha está em tal estado de declínio que os médicos estão a receitar qualquer substância, mineral ou não mineral, que as pessoas ficam lá, assim, petrificadas... cheirando umas às outras...*

Essa "petrificação" que a sinopse descreve acabou me pegando.

Os dois espetáculos (*Terra em trânsito* e *Rainha Mentira*) são uma homenagem à cultura teatral e operística aos mortos pelos regimes autoritários/ditaduras.

Serão mesmo? Homenagens? Não, não são. Quando escrevo um espetáculo, escrevo e enceno o que tenho que encenar. Não penso em homenagens.

Mais do que nunca eu acredito que somente através da arte o ser humano voltará a ter uma consciência do que está fazendo neste planeta e de seu ínfimo tamanho perante esse imenso universo: ambas as peças se encontram em "Liebestod", a última ária de *Tristão e Isolda*, onde o amor somente é possível através da morte e vice-versa. No enterro da minha mãe, ao qual eu não fui (por pura covardia), uma carta foi lida (mas ela é lida na cena final de *Rainha Mentira*), e presta homenagem aos seres desse planeta que foram, de uma forma ou outra, desterrados, desaparecidos, torturados, ou são simplesmente o resultado de uma vida torta, psicologicamente torta, desde o início torta e curva, onde nenhuma linha reta foi, de fato, reta, onde as portas somente se fechavam e onde tudo era sempre uma clausura e tudo era sempre proibido e sempre trancado. Então, a tal homenagem se torna real, através da ficção da vida do palco.

Pulo pra outro trecho, lá no fim do programa.

Essa xícara esparramada nessa vitrine desse sex shop *em Munique era um símbolo que Beckett não ignoraria e não esqueceria jamais. Eu também não. Sejam bem-vindos a tudo aquilo que transborda.*

Por que coloquei esse trecho de programa aí? Não sei dizer.
Liberdade poética pura ou pura liberdade poética. Ou chateação mesmo! Talvez seja um indicador do quanto estou perdido no que QUERO DIZER e ONDE QUERO CHEGAR.
Tenho que sair por aí para redescobrir quem eu sou. Talvez nunca venha a descobrir. Posso estar vivendo uma enorme ilusão. Mas não me custa tentar. Virei escravo de um computador e virei escravo de uma agenda política imediata da qual não faço parte. Tenho uma imensa cultura histórica. Imensa. Tão grande que a política de hoje raramente me interessa. Sim, claro, Obama. Mil vezes Obama. Mas Obama afeta o mundo inteiro. Mais eu não quero dizer.
Tenho que sair por aí para redescobrir quem eu sou.

Sabem? Vale sempre repetir. Fui criado na sombra do Holocausto entre os pingos de Pollock e os *ready mades* de Duchamp e os rabiscos do Steinberg. Isso o Ivan Serpa e o Ziraldo me ensinaram muitíssimo cedo na vida.

E... *Haroldo de Campos.*

Meu Deus! O quanto eu devo a ele! Não somente o fato de ele ter sido o curador dos livros que a editora Perspectiva lançou a meu respeito, mas... a convivência! E que convivência! E a amizade. Indescritível como o mundo ficou mais chato e menos redondo no dia em que ele morreu. E ele morreu na estreia do meu *Tristão e Isolda* no Municipal do Rio. Haroldo não somente entendia a minha obra, como escrevia sobre ela, traçava paralelos com outros autores e criava, transcriava a partir do meu trabalho. A honra que isso foi não tem paralelos. Por que a honra? Porque Haroldo era meu ídolo desde a minha adolescência. O mero fato de *Eletra ComCreta* se chamar assim era uma homenagem aos concretistas.

Mas ele só veio aparecer na minha vida na *Trilogia Kafka*, em 1987. Eu simplesmente não acreditei quando ele entrou naquele subterrâneo do Teatro Ruth Escobar.

Nem mesmo a convivência com Hélio Oiticica foi uma coisa tão forte e duradoura.

Não posso e não vou nomear todas as grandes influências da minha vida. Daria mais que um catálogo telefônico. Já bato nessa tecla faz um tempo.

Philip Glass dá uma graciosa e hilária entrevista a meu respeito. (http://www.vimeo.com/2988089). Dura uns vinte minutos. Nela, ele sintetiza, como se num improviso, tudo aquilo que os *scholars* e os críticos não conseguem dizer ou tentam dizer com 8 mil palavras por parágrafo!

Meu pai me fazia ouvir Beethoven numa RCA Victor enorme que tínhamos. E eu, aos prantos com a *Pastoral* (a sexta sinfonia), desenhava, desenhava essas coisas que, décadas mais tarde (na biblioteca do Museu Britânico), virariam projetos de teatro. Hoje, com mais de oitenta "coisas" montadas nos palcos do mundo, olho pra trás e o que vejo?

Vejo pouco. Vejo um mundo nivelado por uma culturazinha de merda, por *twitters* que nada dizem. Vejo pessoas sem a MENOR noção do que já houve e que se empolgam por besteiras. Nem bandas ou grupos de músicas inovadoras existem: vivemos num *looping* dentro da cabeça de alguém. Talvez dentro da de John Malkovich. E, ao contrário de Próspero, ele não nos liberta para o novo, mas nos condena para o velho e gasto! Até a China tem a cara do Ocidente. Ou então nos antecipamos e nós é que temos a cara da China, já que tudo aqui é *made in China*.

Sim, encontrei Samuel Beckett, montei seus textos, encontrei um monte de gente que, quem ainda não viu, não conhece ou não leu — vá no www.geraldthomas.com e se depare com o meu universo.

E gostaria muitíssimo que vocês entendessem o seguinte: quando comecei minha carreira teatral, a vida, a cena aqui no East Village, era "efervescente". Tínhamos o *Village Voice* e o *SoHo News* para nos apoiar intelectualmente. A "cena" daqui era multifacetada. Eram dezenas de companhias, desde aquelas sediadas no La MaMa, ou no PS122, ou em porões, ou em *lofts*, ou garagens, ou aquelas que o BAM importava, *mas era tudo uma NOVA criação. Era o exercício do experimentalismo*. Do risco. E os críticos, assim como os ensaístas, nos davam páginas de apoio.

Além do mais, a minha geração não INVENTOU nada. Somente levou aquilo que (frutos de Artaud, Julian e Grotowski) pessoas como Bob Wilson, Pina Bausch, Victor Garcia, Peter Brook, Peter Stein, Richard Foreman e Ellen Stewart etc., haviam colocado em cena. Faço parte de uma geração de "colagistas" (se é que essa palavra existe). Simplesmente "levamos para a frente, com alguns toques pessoais", o que a geração anterior nos tinha dado na bandeja. Mas quem sofreu foram eles. Digo, a revolução foi de Artaud e não da minha geração. Portanto, minha geração não fará parte da HISTÓRIA. Óbvio que digo isso com enorme tristeza. Nada fizemos, além de tocarmos e ornamentarmos o barco.

Ah, hoje o *Village Voice* está reduzido a um jornal de *sex ads*. Sobre os teatros eu prefiro não falar. Quanto aos grupos, 99%, não existem mais e nem foram trocados por outros. Só se vê pastiche. É o mesmo que no mundo da música: é o mesmo bate-estaca em tudo que é lugar.

Esse universo está menor que aquele que Kepler ou Copérnico ou Galileu descobriram. O Wooster Group aqui fechou suas portas. Muitas companhias de teatro daqui e da Europa fecharam suas portas. E poucos jovens sabem quem é Peter Brook. Este ano perdemos Pina Bausch e Merce Cunningham, e Bob Wilson, o Último Guerreiro de pé, inexplicavelmente, viaja com uma peça medíocre: *Quartett* de Heiner Müeller, que eu mesmo tive o desprazer de estrear aqui nos Estados Unidos (com George Bartenieff e Crystal Field) e no Brasil (com Tônia Carrero e Sérgio Britto) nos anos 80. Heiner Müeller é perda de tempo.

E Wilson está tendo enormes dificuldades em manter seu complexo experimental em Watermill, Long Island, aqui perto, que habilitava jovens do mundo a virem montar miniespetáculos e conviver e trocar ideias com seus pares de outros países.

Sim, o tempo semiacabou.

Mas somente parte desse tempo acabou. E o problema é meu. Como disse antes: *vou tentar sair por aí para redescobrir quem eu sou.*

Mas vai ser difícil. Sou daqueles que viu a Tower Records abrir a loja aqui na Broadway com a rua 4. Hoje a Tower se foi, e até a Virgin, que destruiu a Tower, também se foi e está com tapumes cobrindo-a lá em Union Square. Parece analogia para um 11 de Setembro? Não, não é. Falo somente de megalojas de CDs.

Tive a sorte de seguir as carreiras de pessoas brilhantes, ver Hendrix de perto, ou Led Zeppelin, ou dirigir Richard Wagner, e estar na linha de cuspe de Michael Jackson e de assistir ao vivo o nascimento da televisão a cabo, da CNN, da internet, dos e-mails pra lá e pra cá. Deram-me presentes lindos como grande parte das óperas que dirigi nos melhores palcos das casas de Ópera da Europa.

São muitas fantasias que a depressão não deixa mais transparecer. E o que é a arte sem a fantasia, sem o artifício? É o mesmo que o samba sem o surdo e a cuíca! Fica algo torto ou levemente aleijado.

Não, não estou indo embora. Anatole Rosenfeld escreveu:

> *O teatro é mais antigo que a literatura e não depende dela. Há teatros que não se baseiam em textos literários. Segundo etnólogos, os pigmeus possuem um teatro extraordinário, que não tem texto. Representam a agonia de um elefante com uma imitação perfeita, com verdadeira arte no desempenho. Usam algumas palavras, obedecendo à tradição oral, mas não há texto ou literatura.*
>
> *No improviso também há tradição.*

Perdi meu improviso. Sim, perdi a vontade de improvisar.

Vou fazer um enorme esforço em me ver de volta, seja via aqueles olhos de Rembrandt ou uma fatia do *Tubarão* de Damien Hirst.

Óbvio que — na eventual possibilidade de um acontecimento real — eu reapareço por aqui com textos, imagens etc. Também sem acontecimentos. Pode ser que eu me encontre no meio da Tunísia, numa tenda de renda, e resolva, à la Paul Bowles, escrever algo: surgirá aqui também. Então, o blog permanecerá aberto, se o IG assim o permitir.

Sei que estou no início de uma longa, quase impossível e solitária jornada.

I've had the best theater and opera stages of the world, in more than 15 countries, given to me. Yes, I was given the gift of the Gods. No complaints, whatsoever. It has been a wonderful ride. Really has. Thank you all so very much. Thank you all so very very much.*

Um breve adeus para vocês!

LOVE

Gerald Thomas

---

* Me deram os melhores palcos dos teatros e casas de ópera do mundo, isso em 15 países. Sim, os deuses me deram um presente inominável. Nada a reclamar. Tem sido uma jornada absolutamente maravilhosa. Mesmo! Agradeço a todos. Muitíssimo obrigado por tudo.

22/09/2010

Pedra de toque

Nova York — Londres. Quando eu atravessava a ponte de Williamsburg, na madrugada de 11 para 12 de setembro de 2001 em direção a Ground Zero para ver se conseguia chegar ao monte de ruínas daquelas duas torres que eu vi crescendo, lentamente, andar por andar, e depois ruindo, numa só explosão, numa só exploBUM. No chão aquele monte de ferro retorcido, foi o que sobrou daquelas duas torres.

Sim, aquelas duas torres com cara de nada, a cara da geração de Warhol retorcida e derretida no chão, o impacto bateu no meu fígado, pessoas passavam desnorteadas em todas as direções.

Meus olhos procuravam se fixar nos rostos menos retorcidos que eu podia achar. Um passarinho morto no chão, um passarinho irmão, morto e empoeirado e seco hoje, nessa tentativa de atravessar essa ponte para ir até Ground Zero.

Toda aquela poeira me cobria e parecia a poeira de todo o século XX. Era a poeira deixada de tudo aquilo em que eu acreditava no século que acabava de ser fechado, assim como eu fechava as cortinas depois de espetáculos empoeirados e com igual quantidade de fumaça!

Minha cabeça naquele dia estava suicida.

Eu, meio quase nada estava atravessando aquela ponte, atravessando em braile em direção a um monte de ruínas pegando fogo. E eu caminhava naquela direção para conferir o quê? As pedras no chão?

Há não sei quantas horas o World Trade Center caiu. Quando criança, eu abria a porta do armário e brincava com as ruínas ou detritos do Lego e me encurralava para dentro da cama ou pra dentro daquele imenso armário barroco que virou o meu "teatro", a minha "arena de ações fictícias" onde bonecos e cabides e volumes quaisquer e velas faziam uma verdadeira *mise-en-scène*. O barulho das torres caindo assim como o das crianças na rua jogando bola era ensurdecedor e eu queria estar onde os mendigos estavam, onde as ruínas estavam, onde os "rejeitados" estavam porque sentia que não teria pique para aguentar essa farsa.

Era tanta coisa! O desmoronamento que eu havia presenciado naquele dia culminou numa espécie de êxtase, aquele que leva as pessoas a um clímax coletivo.

Me aproximando lentamente, muito lentamente das ruínas do Ground Zero, aquela confusão toda, gente por tudo que é lado, minha reação foi estranha. Virei para trás. Quis dar meia-volta e retornar, mas paralisei. Se alguém estivesse vendo as minhas pupilas dilatadas talvez estivesse vendo a *Guernica* revivida, as vacas da tela de Picasso apagando aquela lâmpada, ou então a *Europa depois da chuva* de Max Ernst mais destruída ainda, sei lá, não sei o que (d) escrevo.

É avassalador como algumas obras de arte têm o poder de invadir nossas cabeças nesses momentos de tragédia. Ruínas dessa proporção parecem que têm esse poder. Será que a destruição do poder também terá esse poder? Me aproximei. Assim como uma criança ou um ser apaixonado ou apavorado, acabo de ter aquele ataque de lucidez, absoluta lucidez a meu respeito, digo: me percebi "perecível". Minhas feições, troncos, membros e — até então — uma curta existência eram todos uma ruína em plena paranoia.

Cheguei lá nas ruínas, nas tais ruínas que Beckett tanto descreve em sua prosa e em sua dramaturgia *were the ruins still there where you played as a child, when was that?* da peça *That Time* (*Aquela Vez*) na qual dirigi Julian Beck também aqui em Nova York há 23 anos. Julian, nas últimas, era uma "ruína" em si.

Quimioterapia e câncer no corpo inteiro, seria a primeira vez em que Beck pisaria fora do seu "Living Theater" e me convidou para dirigi-lo. Isso é, até hoje, um ponto de interrogação na minha vida. Logo eu? Juntei Beck com Beckett e comecei esse louco processo metalinguístico que conta uma verdade dentro de outra e cria mais de uma camada de leituras: o ator estava doente e o público, seu imenso público, sabia disso. A peça só mostrava a cabeça de uma pessoa imóvel ouvindo vozes de três fases diferentes da vida do passado dessa pessoa. A combustão era estarrecedora: "*Se a ruína ainda estava lá onde você brincava em menino, onde foi aquilo?*" O público ouvia isso e achava que seria a última vez. E foi. Logo depois da nossa apresentação aqui no La MaMa, fomos para Frankfurt e Julian morreu durante a temporada, digo, na volta de Frankfurt.

Nas ruínas em chamas do WTC, bombeiros, polícia e todo tipo de isolamento possível, mas, de alguma forma, entrei. Sentei e chorei pelo dia intenso de perplexidades. Se soubesse então o que sei agora, o que teria feito? Mas o que sei agora? Iraque? Conspirações? Politicagens?

Quando levei meu pai de volta para Berlim, o "Muro" ainda não tinha caído. Meu pai não tinha voltado para sua Berlim desde a Guerra. O que se via do lado de cá, do "nosso" lado ocidental olhando para a Berlim Oriental (de binóculos) eram ruínas, arame farpado e guaritas com soldados e alguns coelhos andando entre os dois muros. O Muro eram dois, com minas, caso alguém conseguisse pular. Cento e cinquenta mil tentaram. Baleados, calados, furados, peneirados, eles podem contar uma história tão sórdida quanto o resto das divisões geopolíticas das tantas Europas, com suas emboscadas étnicas que terminam assim, com um tratado entre tratantes. Antes da Primeira Guerra, ou pós-Segunda Guerra, ou entre uma e outra, as fronteiras inimagináveis agora eram mais que imagináveis e até amigáveis. Mas entre a imaginação e a assimilação, morrem milhares de seres humanos. Ah, sim, e cavalos.

Meu pai, plantado em cima daquelas plataformas de madeira, seja numa das extremidades de Berlim Ocidental ou noutra, calado, sempre calado, não conseguia reconhecer sua cidade. Ou melhor, entendia e sofria tanto, tanto que nada dizia. Uma sensação bem parecida com a criatura beckettiana que o Julian interpretou três anos mais tarde em *That Time* — nada dizendo, somente apavorado como *"se as ruínas ainda estavam lá onde eu brincava..."*

Meu pai não sobreviveu para ver a queda do Muro. Morreu acreditando para sempre em sua Berlim dividida, cortada ao meio cirurgicamente, ou ilhada, seja como queira ser visto o Muro pichado, sua Berlim dividida entre aliados e russos. Morreu no meio da temporada, entreatos.

Ground Zero. Peguei uma pedra no chão. Não sei se era, de fato, um pedaço do World Trade Center, mas quero acreditar que sim.

E com ela sentei numa pilha de poeira, ou melhor, de ruínas, e chorei o resto da madrugada. Até que a polícia me deu um macacão amarelo de trabalhador e me disse *get to work* e me puseram para trabalhar.

Nesse momento acho que entrei em delírio: como assim, *get to work*? Não consigo sair desse paradoxo circular, ou seja, esse som de bomba que foram os aviões batendo, ou as guitarras de Hendrix tremendo no Filmore East aqui perto há trinta e oito anos, e esse barulho de novo nos meus ouvidos como se fosse uma ordem ao contrário, com eco e tudo: "Eu não aguento mais" e — como se plagiando Lapaujade, sinto tudo aquilo contra o qual devo me defender — *GET TO WORK*! Como assim??? Me defender das torres caindo e da pedra na minha mão, daquilo que meu corpo sofre e me faz sofrer, dos outros caminhando em vão na minha frente empoeirados e fedendo a morte? Fui, de fato. Fui trabalhar lá, onde as ruínas estavam. Mas não fui brincar.

Me sinto o último dos últimos, e sem a menor identidade e, nesse momento quero mandar todos à merda num único e último banquete: desde Nietzsche a Deleuze. E aqueles a quem Nietzsche chama de homens superiores... *Superiores* é a merda. Vem para cá Herr Nietzsche. Vem ler essa frase aqui:

"Não aguento mais." Que tal? Em qual Trieste triste estás agora, Sr. Nietzsche? Ou será que ainda estás sentado debaixo do piano de Wagner encantado pela *overture* de Tanhauser? Nada disso. O cavalo que o senhor viu sendo espancado eu vejo todos os dias nos rostos de todas as pessoas. E as catástrofes? Eu as vejo em todos os momentos. E em todos os lugares. Sim, seus planetas são ótimos, seus Zeuses, Deuses, "Dioneuses", "Zaragogos", e "Demitustras" são ótimos e assim são os seus superlativos mas "não aguento mais". Essa foi a sua melhor frase, com ou sem sífilis. Essa é a minha melhor frase com essa pequena pedra que seguro ainda quente em minha mão.

Me lembro um dia, acho que era em Zagreb durante um festival de teatro, que parei de me emocionar. Ouvi histórias de croatas e de servo-croatas baleados e feridos pelos recentes conflitos (melhor chamá-los de atrocidades), e me concentrei num garoto que contava que acabara de voltar de Dubrovnik, e aprendi a apreciar a simplicidade e a beleza com que as pessoas se despiam e caíam no mar, sabendo que estavam sendo vistas. Apesar de notar que uma gota de lágrima ou algo salgado entrava na minha boca, esse tipo de beleza sensual, sexual, esse tesão que as guerras provocam da mesma forma que um pulo n'água de um corpo lindo e nu.

Surgiu a oportunidade: o World Trade Center — além da porrada dos aviões dos islâmicos radicais — pode ter sido dinamitado, suas vigas de ferro fortíssimas serradas em diagonal cautelosamente. É o que os demolidores profissionais chamam de *molten metal*. Eu vi essas vigas diagonalmente cortadas apontadas lá para cima, sobrando, enquanto multidões tentavam salvar outras tantas multidões como em *The Lost Ones*, de Beckett. Não, não pode ser. Pare de delirar, Gerald. Pare de tentar ser um Nietzsche. Você leu demais. Você devorou muitos livros e, portanto, não sabe, como nunca soube, lidar com a realidade. Tudo para você parece sempre um conto, uma ficção, mas isso aqui é Ground Zero e não um conto de Kafka.

Estar sentado num monte de ruínas, com aqueles holofotes em Ground Zero era bastante indescritível. Até hoje, nove anos depois, procuro achar um termo para isso, mas não o encontro.

Hoje escrevo as minhas próprias peças e olho para esse East River, ou esse Tâmisa, de onde não consigo sair há décadas, seja de um lado ou de outro, de Brooklyn ou de Manhattan ou Londres e que não parece mudar, o que parece um paradoxo ou um *cunundrum*, porque rios sempre mudam (*riverrun* — palavra que abre *Finnegan's Wake*, de James Joyce), na literatura portuguesa e irlandesa, como se fossem cavalos líquidos, uma equitação vertiginosa, uma sensação de tempo passando física e podre e um tanto quanto linda. Digo, assim deveriam ser os rios. Mas essa porra desse East River não muda em nada. Esse Thames também não. Às vezes olho por horas e nada. Nada nada nele. Nem um corpo boiando desde que Spalding Grey se suicidou nele em 2004.

Sabe, existe sim um momento onde tudo isso, todas essas andanças, todas essas comilanças, todas essas angústias e paranoias levam a algo. O que é? Estranho. Não sei dizer ao certo. Mas é como se eu caísse em mim por alguns segundos. Por alguns segundos apenas. De novo, a tal lucidez. Por esses segundos tudo para.

Eu tento desesperadamente segurar esse momento, como se ele fosse desaparecer. Parece que recebi meu primeiro sopro de vida. Quando? Não sei.

O que eu sentia sentado em Ground Zero ou olhando o outro lado de Berlim ou pensando em Sri Lanka ou em New Orleans engolida por um *tsunami* ou pelo Katrina.

Uma voz vinda de Auschwitz, uma voz vinda de uma foto de um familiar exterminado lá: olho no olho no meu próprio passado, digo, no olho da foto do meu próprio antepassado e nada sinto. "Que judeu de merda você é, Sr. Gerald!" "Estás aqui no Pavilhão 17 olhando essa pilha de sapatos, cabelos, óculos e os catálogos e consegues identificar teus parentes e nada sentes?" Ruínas. Um monte de ruínas organizadas em cubículos de vidro e madeira com plaquinhas. Para quê? Para que a História não se repita? Não me façam rir. É como falar em ética hoje em dia: um *toll free number* chamado *dial-ética* está em perigo.

Passando o portão onde — até hoje os poloneses mantêm a metálica *inscriptia art-nuveaux Arbeit Macht Frei*, só pensei em forrar a barriga: e logo com o quê? Eu só tinha duas opções: uma barraquinha de sorvetes e outra com *hot dogs*. Nada *kosher*, mas estava pouco me lixando. Eu queria comer um cachorro quente e assim o fiz. Sim, depois de ver os membros da minha família exterminados me deu fome. Fazer o quê?

E que cachorro-quente! Convulsionei.

"*Wer fremde Sprachen nicht Kennt, weiss nichts von seiner eigener*": pronto, devo ter murmurado algo em "goethesprache" para deixá-los ainda mais de boca aberta.

"Quem não conhece línguas estrangeiras nada sabe sobre a sua própria", é linguagoethe! Ou dollargoethe, ou eurogoethe ou, na época, marcogoethe ou pontogoethe, ponto zero, Ground Zero: Auschwitz, para calar aqueles que não calam na hora certa, como eu.

Eu, uma pedra na mão, mas nenhum mandamento, nenhuma ideia, somente um nó na garganta, esperando nenhum Godot ou nenhum Moisés, ou sequer um semiólogo.

Não. Era 11 ou 12 de setembro, mas dessa vez com uma pedra histórica entalada na minha garganta.

Tudo em nome de limpeza étnica. Seres humanos se livrando de uma pele que não gostam, ou que repugnam, ou se olhando no espelho e se livrando de algo a respeito de si mesmo que os repugna.

Sentado em Ground Zero ou em pé com meu pai na plataforma que olha de uma Berlim para outra, não tenho esperanças. Hoje, quando escrevo, com o Iraque do jeito que está, e prestes a invadirmos o Irã, menos esperanças ainda.

Como pode algo assim ser destruído? Minha obsessão em preservar é doentia. Fogo, brigadas de incêndio, o incêndio em si, terrorismo, esse megaincêndio que consome agora o sul da Califórnia é algo que me deixa doente. Com água eu ainda consigo lidar, mas fogo é algo que...

Não sei por que, com a pedra na mão, sentado ali no *rubble* do World Trade Center me vinha à cabeça aquela curva da King's Road em Londres, chamada de *world's end* (fim do mundo), e me vinha à cabeça o arco "*Arbeit Macht Frei*".

Pouco resta a ser dito.

E agora, com tudo isso e mais na cabeça, penso em George Bush como um *Inquisitor*, um real raivoso evangélico que em seus aforismos não faz alegorias, incapaz de fazer fantasias, é um militante religioso daquilo que representa o seu Sol, seu solstício, um mito do zodíaco transformado em homem e transformado em mito de novo, pois homem não tem ressurreição. E nessa cruzada capitalista pelo poder do petróleo e pelo domínio, ele deve achar válido o sacrifício de vidas humanas, assim como em todas as religiões as vidas humanas não valem nada, frente à vida desse que é a personificação do sol, o filho de Deus, a antropomorfização de um símbolo numa catarse maior e demiúrgica ou demagoga, a reflexão de um ser superior que espelha as constelações e seus discípulos e é sacrificado por suas profecias. Pobre Jesus!

Quando não penso em nada, penso em Goethe, não no escritor, não no poeta e não no cientista, mas no modernista, naquele que começou a romper com seu passado. Não, isso não é verdade. Quando não penso em nada, não penso em nada e pronto. Que absurdo dizer que penso em Goethe! Que arrogância!

Mas é que, de certa forma, meu pai lia Goethe para mim, quando eu era algo antes de criança e brincava nas ruínas daquilo que eram os sons do "holocausto na cabeça", as memórias que a família trouxe e que nos acompanharam por tudo que é lugar. Essa *linguagoethe* me era cantada sim, e de alguma forma isso ficou aqui dentro como música. Se destruí o meu passado, ou fiz meu pacto com o futuro, ou com o meu palco por causa disso, bem, isso é para as pedras ou para os psicanalistas e acadêmicos decidirem.

Hoje os inventores são cientistas anônimos e os intelectuais são somente repetidores, acreditem.

Pedras na mão, ou obstáculos que chutamos por aí sem nos dar conta. Olhar para cima, às vezes nos faz bem. Existe um céu, quando não há incêndio ou alguma fumaça ou nuvem nos impedindo a visão do céu claro ou do universo.

Me encontro sempre assim: sentado, ou de cócoras seja com uma pedra na mão ou jogando pedrinhas ou olhando um monte de ruínas de um prédio colapsado. E a pergunta perdura. E daí? Se construí uma obra teatral, sempre volto para o ponto de partida que é HOJE, que é o NADA, que é esse vazio enorme aqui em Nova York, onde me falta TUDO... onde não tomei precauções para ter água mineral suficiente, onde estou em estado de euforia, ansiedade e depressão.

Nada mais me resta a dizer, senão um muito obrigado por tudo que tive a chance de enxergar através dessa enorme cegueira que sou eu mesmo.

Sempre irei tentar colocar uma âncora em algum lugar, ou melhor, me ancorar em alguém ou em vários "alguéns" mas a solidão é algo insuportável, assim como um palco vazio, ou uma tela em branco ou uma página em branco, ou duas torres brancas que predominavam no meu skyline, tombado, sim, tombado no seu sentido mais perverso. Não, âncora nenhuma não. O palco estará vazio ainda ou redundante até que se resolva essa loucura que é a finitude da vida. Quero andar em cima da minha dor, mas ainda assim tocando o samba, que tão bem sei tocar. Duvida? Pergunte ao Ivo Meirelles. Toco, e com muito orgulho, todos os instrumentos, com as duas mãos, na superfície de uma mesa como poucos cariocas sabem batucar!

A despedida é algo com a qual — nessas décadas todas — ainda não aprendi a lidar. Seja dizer "adeus" a uma pessoa ou a uma cidade.

Essas caminhadas pelo mundo não me levaram à toa por aí. Levaram meu teatro... tudo porque eu cresci e chorei junto com meus pais tantos fracassos e tantas mentiras de uma família em pedaços, em ruínas, nunca tendo exatamente um rumo certo, nunca tendo exatamente uma certeza de que "eles" não iriam marchar contra nós no dia seguinte apontando o dedo no nosso nariz dizendo "*amanhã estaremos de volta, uniformizados, e vocês serão cinzas*".

Ouvi isso durante aquela noite inteira de 11 a 12 de setembro de 2001. Mas e agora? Talvez por esse motivo a minha pressa louca em atravessar a Williamsburg Bridge e atravessar as barreiras militares e policiais para conseguir um pedacinho de detrito, e sentar no chão de poeira, de *rubble*, de cinzas, pedaços de corpos fervendo naquele instante ainda, uma *cidade zumbi*: um pedaço de pedra na mão. Muros, prédios, obstáculos, fumaça, cortinas, armários, coisas escondidas, tudo parte de uma geração que enfrentou, assim como eu enfrentei, as filas de carro em Checkpoint Charlie ou em Bahnhof Friedrichstrasse, tentando ir para o lado oriental de Berlim.

Liberdade? A liberdade dos produtos. A liberdade do consumo! Em três minutos, o mundo mudava três décadas e saía do regime de Hoenecker com seus peixes podres dos supermercados "marxistas" (que piada!), e voava-se diretamente para o *grossen laden* KDW, e seu último andar luxuosíssimo onde se come de tudo.

Foram tantos os países e tantas as línguas. E para quê? Juro que não sei responder. Se houvesse um ato triunfal no final de tudo, algo heroico, eu seria o primeiro a querer dizê-lo. No muro das lamentações, em Jerusalém, me dei conta, talvez pela primeira vez na vida, de que eu era capaz de ouvir o canto dos passarinhos. Achei irritante. Mais irritante ainda a Mesquita que fica do lado de lá, irradiando pelo alto-falante cantos islâmicos para irritar os passarinhos e os judeus ortodoxos que ali se curvam e, num movimento mântrico, não param de se mexer, de trás para a frente, de frente para trás.

Ali me dei conta de que todas as pedras que segurei esses anos todos estavam todas lá, amontoadas.

Todas as pedras numa só pedra. Não é metáfora, principalmente porque todas aquelas pedras estão, de certa maneira, seguras pela megapedra de Herodes, aquele mistério pesado, enigmático, emblemático, tal qual as pirâmides, só que no subterrâneo do muro das lamentações. Isso, em Jerusalém, aconteceu quatro meses antes dos ataques de 11 de setembro de 2001.

Mas e agora? Perdi de vez a inocência, demoli tudo. Eu e nós mesmos. E em meu lugar? Pedaços de mosaico que não consigo mais reconhecer como sendo meu. Procuro loucamente quem sou e/ou como somos. Não tenho respostas. Nossas identidades? Um caos. Estamos espalhados e refletidos, como esquizofrênicos, nós, eu, você, em cérebros de outros, como se não habitássemos por inteiro aqui dentro. Como se quiséssemos fazer alguma diferença no mundo de hoje, como se nosso berro não fosse aquele de Munch, o silencioso, como se ainda tivéssemos o poder do protesto de Dylan, de Abbey Hoffman, de Hendrix, mas estamos soltos e nossas mentes com plugs de iPods, como se fossem rolhas para não deixar escapar pelos ouvidos o que nossas bocas querem berrar.

Nossas solidões estão todas medicadas. Não há ninguém desacompanhado de um discurso horrivelmente triste, mesmo aqueles com um sorriso estampado na cara ou com sessão marcada com seu psicanalista ou com seu traficante ou em seu quarto escuro e com sua medicação legal.

Somente ruínas.

Porque uma vez eu abri o armário quando menino e brincava de fazer teatro com as poucas coisas que tinha, com medo da rua: medo dos automóveis cujos pneus, sem querer, jogavam pedras para lá e para cá e machucavam pessoas, me machucavam.

Pedras, mendigas, armários barrocos onde eu achei meu "drama" por pura covardia, mas tudo isso deve estar lá onde eu brincava quando menino.

Mas onde será que foi aquilo?

Este livro foi composto na tipologia Minion Regular,
em corpo 11,5/16,2, impresso em papel off-white 80g/m²,
no Sistema Cameron da Divisão Gráfica
da Distribuidora Record.